Divine Comédie

Du même auteur

Lapins et merveilles, Flammarion, 2016.

Gaël Tchakaloff

Divine Comédie

Flammarion

ISBN : 978-2-0814-0816-6

À Ambre, Olympe et Henri

« Les hommes se distinguent par ce qu'ils montrent
et se ressemblent par ce qu'ils cachent. »

Paul Valéry

Pénétrer

Discuter avec un homme politique ou le suivre pas à pas dans les déraillements d'une campagne, c'est aussi différent que dîner avec un amoureux ou le voir jouir dans vos bras.

Strasbourg, 23 heures. Sortir d'un meeting si long qu'aucun train ne peut vous ramener vers Paris. Chercher un hôtel en pleine session parlementaire. Google. Faire la liste des trois-étoiles, deux-étoiles, une-étoile, zéro-étoile, tous complets. Penser se coucher sur un banc public dans la gare, avoir froid. Dénicher le numéro du Parlement européen, joindre par le standard une voix d'éphèbe promettant de *tenter de vous arranger cela*. Lui faire croire que vous êtes l'émissaire d'un homme politique important présent dans la ville, ce jour-là. Avoir envie de l'embrasser sur la bouche lorsqu'il parvient à vous réserver un lit, aux alentours de minuit.

Mourir de faim parce que l'on n'a rien avalé depuis la veille. Sauter dans un taxi pour rejoindre votre chambre. Comprendre que l'on va prendre cher lorsque le chauffeur vous lance, *ça tombe bien, y a un kebab au pied de votre hôtel.* Se nourrir d'abord, dormir après. Ne penser à rien d'autre. Commander une pizza, convaincue que c'est plus sûr qu'un kebab, cela cuit plus longtemps. Être malade toute la nuit. Pousser les mouches de la table pendant le dîner, faire semblant de téléphoner en parlant à votre portable dans le vide, pour que personne ne vous adresse la parole. Sortir dans la rue, se couvrir de sueurs froides. Inspecter l'endroit qui vous accueille, éclairé pleins phares par des lumignons rouges : « HÔTEL », ça clignote. Sonner une fois, deux fois, trois fois, défoncer la porte à coups de pied. Découvrir, mortifiée, qu'un interphone est installé juste devant votre nez. Entendre une voix endormie, *Madame Tchakaloff, oui, chambre 22, clef sur le tableau d'entrée.* Monter quatre à quatre au deuxième étage afin de se coucher au plus vite. S'apercevoir que les propriétaires ont joué à mélanger les numéros et les étages. Les dizaines au troisième, les trentaines au deuxième. Partir en quête des vingtaines, mettre vingt minutes à s'orienter. Ouvrir la porte de sa chambre. Être aveuglée par la couleur orange du dessus-de-lit en toile de jute, orchidées en plastique jaune posées sur l'oreiller. Vouloir se laver les dents sans brosse à dents, sans dentifrice, songer à prendre une douche, avant de découvrir que l'unique fenêtre de la chambre se trouve dans la salle de bains. Attraper des serviettes pour la masquer puisqu'elle donne sur le hall de l'hôtel. Tout jeter, renoncer, s'allonger sale et toujours habillée avec une seule idée : Macron, plus jamais.

Ne pas encore savoir que deux mois plus tard, vous l'aimerez follement. Ne pas visualiser qu'il croisera votre chemin dès que vous aurez un coup dur. Ne pas deviner par quelle magie il vous murmurera les bons mots, le lendemain du premier tour de la primaire de la droite et du centre, tandis que vous pleurerez Alain[1] devant lui comme une truffe. Ne pas imaginer que lorsque vous sortirez de l'hôpital, quelques semaines plus tard, convaincue qu'un cancer vous ronge, vous le rejoindrez en Bretagne et qu'il vous réparera. Ne pas prévoir que vous aurez honte de raconter comment, parce que vous voulez paraître intelligente. Ne pas vouloir confier que ses analyses de Céline, Camus, Gide et Morand ont suffi à tout vous faire oublier. Ne pas anticiper que vous l'écrirez quand même.

Continuer à l'aimer pour des raisons irrationnelles et strictement personnelles. S'obliger à faire des colonnes en négatif le concernant. Détecter des tonnes de défauts. Considérer que les motifs individuels qui vous concernent l'emportent sur les problématiques collectives, voire nationales. Avoir conscience que vous vous comportez comme une adolescente décérébrée et fleur bleue. Tenter d'en analyser les causes. Pourquoi cela fonctionne-t-il sur

1. Alain Juppé.

vous, pourquoi panse-t-il vos meurtrissures, celui-là ? Mettre six mois à discerner que tout cela tient en un mot : énergie. Énergie de vouloir, de vivre, d'aimer. Saisir bêtement que vous êtes comme tous les autres. Il vous fait le même effet qu'à certains Français.

Se souvenir de tout ce que vous avez détesté pour mettre fin à votre démence. Vos poils hérissés tandis que vous le croisiez pour la première fois au café Le Players, en août 2016, lors de cette soirée des « Jeunes avec Macron ». Casting pour giscardiens au collège. Reprendre vos notes en vous poilant : *Alliage de types qui n'ont jamais couché et de filles qui n'ont pas croisé le loup, dont les parents habitent le septième ou le seizième arrondissement parisien. Tous jouissent d'identification devant Macron, font pipi dans leur culotte en l'écoutant. Beaucoup viennent de chez Sarkozy, ça parle ultralibéral, ça parle Obama, université Dauphine, MIT, Harvard et compagnie. Ça porte des t-shirts, côté pile « En Marche », côté face* « L'Équipe ». *Comme les petits coquets de l'ESCP que je vois défiler en Méditerranée, l'été, lors des régates des écoles de commerce qui ont la cote. Mêmes docksides sans éraflures, même petite coupe de cheveux, soit très nette, soit hipster en diable, barbe de trois jours, costume slim et lunettes de vue Wayfarer à l'appui. Campagne The Kooples pour la rive droite.*

Jeter votre chapitre initial intitulé « Le candidat de la rue Saint-Guillaume ». Écraser dans votre disque dur l'ambiance boîte de nuit, ce soir-là, et son *vous êtes en forme ?*, lancé tandis qu'il se tourne dans tous les sens, à gauche, à droite, au milieu, en haut, en bas, comme dans la reprise de *Ces soirées-là* par le rappeur Yannick.

Se débarrasser également du paragraphe « La politique façon *charity business* ». Ne pas oublier, pour autant, votre envie de fuir lors des premiers meetings de campagne présentant la méthode Macron. Ne pas effacer ces heures passées à attendre qu'il monte sur scène, vous obligeant à écouter des témoignages façon TEDx ou *Vis ma vie*, selon le niveau des intervenants. *Je m'appelle Maud, j'ai rejoint « En Marche », parce que… ; Je m'appelle Yves, je suis entrepreneur à Trifouillis, j'ai rejoint Emmanuel parce que… ; Nous ne sommes pas des voix pour le suffrage…* Discutable idée de donner la parole aux néophytes sur plus d'une heure trente. Strasbourg, Le Mans, Montpellier, salles pleines à craquer, défilé de publicités pour « Eau précieuse » dans le public et de « marcheurs » sur scène, chacun raconte son histoire. Mes voisins journalistes, *c'est une mascarade… il devait parler il y a deux heures, c'est pire que Juppé.* L'effet de surprise laisse place à l'ennui du comique de répétition. Et quand Emmanuel arrive, on a droit à *l'incarnation viendra plus tard.* Hey, chéri, qui est dupe ?

Se souvenir néanmoins de tout ce que vous avez aimé. Les réflexions justes, en dépit de quelques accidents, les interrogations qu'il vous livre furtivement. *Le peuple français est un peuple qui peut très vite bouger, il y a un côté Bovary chez les Français.*

Ils n'aiment pas ce qu'ils ont, mais à la fin… Eh bien, à la fin, Madame Bovary en crève mais elle reste avec Charles Bovary. C'est cela le sujet, la tentation pour le romantisme du quotidien. Un jour, dans le train, nous sommes assis côte à côte, Emmanuel développe sur Alain, *l'erreur pour lui a été de se lier avec le centre. Il ne faut jamais se lier avec ce que l'on incarne, il ne faut jamais acheter ce que l'on a déjà.* Une autre fois, au cours d'un voyage, tandis que nous ne sommes que tous les deux, *savoir après quoi je cours, c'est une réponse qui se tresse au fil de l'eau. Pour moi, la politique, c'est créer, créer les formes de liberté première. Tout cela va de pair avec la transcendance. Il faut retrouver les éléments de liberté neufs, ne rien laisser à l'enfermement et donc créer. Parce que ce pays n'est pas conservateur, au fond de lui-même, même s'il est perclus de conservatismes, pris entre un conservatisme de droite ou de gauche qui dirige depuis longtemps, d'une approche profondément statutaire, mais il doute. En réalité, c'est un pays qui fait toujours la bascule… La France du* Bon Beurre *est passée au gaullisme en quinze jours. Il y a toujours eu cette bascule très profonde.*

Ne pas estomper ses travers et les vôtres. Votre cœur de vierge qui bat la chamade parce qu'Emmanuel est entouré de normaliens. Votre effarement devant leurs expressions. Au départ, ils ne font pas de la politique, ils ne connaissent pas la politique et ne veulent pas la connaître. Ils font de la philosophie politique. Sur votre cahier : *ambiance Terra*

Nova revue et corrigée par la rue d'Ulm, on parle de « litanie politique », qui va s'en émouvoir ? Les épargner, un peu. Depuis, ils ont mûri. Ils étaient partis sur la singularité, ont vite fait de se rallier à la tradition. Lorsqu'on est différent, inutile d'accumuler les différences. Lors d'une conversation privée, Emmanuel précise, *j'ai toujours été passionné par la politique, j'ai toujours voulu en faire, d'ailleurs j'en ai plus ou moins fait. Mais je n'ai jamais aimé la société politique. Ce ne sont pas les gens les plus intéressants. Il y a beaucoup de médiocrité, beaucoup de cynisme chez eux. J'aime l'action politique et j'ai le sens de l'Histoire* (sic, modestie). *La société politique n'est pas ce qui conduit le plus à la chose politique, j'ai toujours fui la société politique.*

Les premiers meetings à durée indéterminée, estrade centrale à trois cent soixante degrés, au cœur de quatre rangées de sièges l'encadrant, ont laissé la place à une heure trente au total, scène frontale, face au public, comme chez les autres. Quant à Emmanuel, qui parlait sans notes, c'en est fini. Désormais, les discours sont préécrits, le candidat les retravaille ensuite. Hystérie de la perfection macroniste. Son équipe a gardé un souvenir atroce du livre *Révolution*, retravaillé des centaines de fois, cela n'allait jamais.

Enterrer vos provocations avec le candidat et son équipe, lorsqu'ont lieu les premiers point presse, précédant les meetings. Vos gentilles attaques : *Pardon, je n'ai pas compris vos objectifs, vos quêtes, vos moyens d'y parvenir, de les mettre en œuvre ?* Leurs réponses gênées, Sylvain Fort[1] devenant pivoine, demandant à Ismaël Emelien[2] d'intervenir à sa place : — *Qu'on puisse apporter nos solutions.* — *Ah oui ? N'est-ce pas un brin individualiste ? Et l'ambition collective dans tout cela ?* Lorsque arrive Emmanuel, votre doigt levé : *Et vous, où vous situez-vous dans un échiquier entre travaillistes et démocrates ?* Qu'est-ce qu'on rigole.

Tout poser sur un grand cahier. Ne pas émettre de jugement. Prendre ce qu'il y a à prendre d'Emmanuel. Le laisser se débrouiller avec le reste.

---

1. Conseiller en charge de la communication dans l'équipe de campagne d'Emmanuel Macron.

2. Conseiller communication et affaires stratégiques dans l'équipe de campagne d'Emmanuel Macron.

Pleurer

Rouge aux joues, mes yeux piquent, gorge salée, goût des larmes juste avant qu'elles ne perlent. Tente de me retenir, tourne la tête vers le trottoir, à l'opposé de lui, pour me cacher. Impossible, ça coule quand même. M'éloigne rapidement du petit attroupement qui l'encercle, d'un pas saccadé, automatique, m'échappe de son aile, sous laquelle je m'étais réfugiée, bien au chaud, depuis le matin. Trop violent, trop inattendu, j'éclate en sanglots.

Juliette Prados[1] assiste à la scène, interdite. Se jette sur moi, me console, me câline, balbutie, *viens on va fumer une cigarette*, allume la mienne, m'assied dans la rue, sur le côté, personne ne voit, lui non plus, il n'a rien deviné. Juliette renchérit, *tu sais bien qu'il est comme cela, il plaisantait, ou peut-être pas, mais si, il rigolait, il ne pensait pas que cela te mettrait dans un état pareil, tu es à fleur de peau, à force d'être derrière, toujours, comme un aspirateur à sensibilités,*

1. En charge de la presse du candidat.

il n'y a plus de barrière, c'est pas si grave, s'il a réagi ainsi, c'est qu'il en avait besoin, c'est pesant de te sentir contre ses pieds toute la journée, avec ton regard qui déshabille tout, tout le temps, c'est lourd quand même, il fallait qu'il cadre les choses avec toi, tu ne peux pas intervenir quand il parle avec les gens, l'interpeller à tout bout de champ, devant tout le monde, si tu es là, s'il accepte que tu sois si près, c'est déjà essentiel, alors reste contre lui, mais en silence, voilà le message qu'il a voulu te transmettre, c'est pas la fin du monde.

Elle fait ce qu'elle peut, la pauvre, pour l'excuser, décoder mes écorchures. M'entreprend sur des sujets variés, change de propos, parle de sa propre histoire, son départ du Parti socialiste, son parcours de militante, comme beaucoup de ceux qui entourent le candidat. Trop tard. J'ai discerné, photographié sa brutalité, sa dureté, cette impulsivité, cette colère soudaine qu'il ne peut pas refréner, ce démon qui s'empare de lui et le dévore tout cru, lui fait tenir un langage avec trois tours de trop, je l'avais déjà déchiffré sur scène… Mes larmes sèchent, peu à peu. Peinée de voir Juliette si contrite, je pressens qu'elle doit en voir d'autres avec lui.

Que s'est-il passé ? Pas grand-chose. Nos folies réciproques produisent des heurts incontrôlés, décuplés par mon amarrage excessif. C'est tout. Je n'adhère à rien de ce qu'il profère. Non, ce que j'aime chez lui, ce sont des éléments bien plus essentiels que le discours politique. J'aime sa connaissance de l'Histoire, cette manière typiquement trotskiste de lire la politique à travers les siècles, les courants, la tectonique des plaques géopolitiques. J'aime sa culture, sa façon de toujours tout ramener à la philosophie, la moindre question basique devenant une interrogation vitale, transcendantale. J'aime ce tempérament de feu, invivable, insupportable, rugueux, qui fait des scènes, crie, s'énerve tout seul pendant les meetings et ailleurs, devient rouge, habité par son personnage à tel point que ce personnage, il ne l'a plus quitté, il est devenu lui. J'aime quand il redescend des tours, remué, ses yeux délaissant alors le gris acier de la conviction pour le bleu layette de la tendresse, sa bouche s'ourle, son visage s'ouvre, s'épaissit, poupon, comme ses phrases. Oui, j'aime tout cela.

Jean-Luc est un personnage. Un gavroche, un carnaval, un filou, un bonimenteur de grands chemins, un monstre terrible, un cœur qui bat, un enragé, un assoiffé, d'idées, de luttes, de lui-même, de lignes d'horizon, parfois louables, pas toujours. Jean-Luc est éperdument dérangeant. Je lui ai pardonné son mot de trop, il a oublié ma sensiblerie ridicule. Clap de fin, retour en train, déclarations, grande réconciliation, tous les deux étalés, au fond du TGV.

Quelques heures plus tôt. Angoulême, festival de la bande dessinée. J'écris tard la veille, attrape le train de 6 heures, pour le rejoindre. Nuit courte en partie responsable de mon état en fin de journée, lorsque éclate notre petit incident. Le soir précédent, meeting de Jean-Luc à Périgueux au moment du

20 heures de François Fillon sur TF1, la grande explication, la grande expiation. « L'Insoumis » commence fort, dès le matin, interrogé sur le sujet par quelques journalistes, *je m'en fous, j'étais pas là, j'ai pas regardé, je faisais un meeting, ce qu'il se passe est une grande souffrance pour beaucoup de monde, je sais pas s'il doit arrêter, François Fillon, il n'a qu'à faire des jeux vidéo*. Ambiance. Juste avant, il s'extasiait, béat d'admiration devant l'architecture en bois du Cnam[1], parlait BD. *Moi, j'étais plutôt Corto Maltese puis Bilal*, se comparait au « Yéti » en faisant des vannes potaches. Il est comme cela, Jean-Luc, passe du chaud au froid en claquant des doigts. Une singularité, dès qu'il voit quelque chose, dès qu'il va quelque part, il en fait un sujet de dissertation pour khâgneux. Illustration en ce début de matinée. Après l'histoire du « Yéti », il enchaîne immédiatement, tandis que personne ne l'a questionné, *pour le littéraire que je suis, c'est un domaine d'extension, la bande dessinée… Il faut cesser de regarder la production culturelle comme une production de yaourts… Le problème, c'est la précarité des auteurs de BD, la stabilité rend plus fécond que la peur*. Pour conclure tous ses raisonnements, une phrase choc, une formule. Toujours.

Nous déambulons dans une école de jeux vidéo[2], les jeunes ont accroché des photos de lui retouchées

1. Conservatoire national des arts et métiers, Angoulême.
2. École nationale du jeu et des médias interactifs et numériques du CNAM.

façon *Tomb Raider*, lui présentent le dernier modèle d'un jeu en réalité virtuelle sur l'apocalypse. Il s'arrête net, prend de court la jeune fille qui dévoile le spécimen, *qu'est-ce qu'une apocalypse selon vous ?* Mutisme. Elle n'a pas préparé son entretien d'entrée à Henri-IV pour aujourd'hui. Il fait le coup à chaque fois. C'est absolument tordant. Bras croisés derrière le dos, questions mitraillettes, le candidat s'adoucit, domestique son auditoire. *Qui a eu l'idée du jeu au départ, c'est quoi un* game designer, *ah bon, et vous avez fait quoi comme études, ah, littéraires, bien sûr, on peut pas avoir des idées s'il n'y a pas d'abord du terreau.*

Le grand moment. Jean-Luc va essayer un masque en 3D. Lui aussi aura sa photo pour l'immortaliser en candidat du futur. Comme Macron, comme Juppé, comme Fillon, c'est la mode. *Hey, mes zouaves, regardez !* Surnom qu'il donne immanquablement à son équipe, les zouaves. La démonstratrice : *Vous pouvez faire un malaise, ça peut arriver, si vous ne vous sentez pas bien, dites-le tout de suite.* Jean-Luc : *Ne vous inquiétez pas, j'ai déjà été rudement secoué par l'existence.* Casque enfilé, *le jeu, faut pas me l'offrir, sinon je passe ma vie dessus... Vous le voyez sur l'écran, les amis ?... Mon vieux, si je pouvais me débarrasser de mes concurrents comme je me débarrasse du reste du monde là-dedans !* Paf, il l'enlève, se tourne vers une autre jeune fille, *je réfléchis à qu'est-ce que le réel et qu'est-ce que le virtuel, vous en pensez quoi ?* Elle devient toute verte, c'est ça qu'elle en pense. Il disserte sur Diogène, ajoute, *le jeu vidéo, dis donc, c'est un outil pédagogique extraordinaire.* La pédagogie, son obsession. Dans ses rassemblements, il peut raconter n'importe quoi et rendre attrayant ce n'importe quoi, s'emparer des questions les plus complexes, en faire un ABCD pour la maternelle.

Poursuite de la visite, un garçon lui soumet un jeu sur la nature, Jean-Luc marque un temps mort, se gratte l'épaule, *vous avez lu Lévi-Strauss ?* Non, il n'a pas lu, évidemment. Questions sur l'hologramme, *c'était une blague, au départ, cette histoire d'hologramme, pour montrer l'opposition entre deux états d'esprit, l'ouverture et la fermeture.* Le jeune homme le regarde d'un air pénétré. Pendant ce temps, Sophia Chikirou[1] me souffle, *l'idée de l'hologramme, c'est tout Jean-Luc, il adoooore lire* Science et vie *!*

Un membre de son équipe joue avec une marionnette en feutrine, reproduction parfaite de Manuel Valls, *on va la mettre en ligne sur JLM 2017 !* Le crack devise avec quelques élèves d'une filière professionnelle, *ça s'appelle lycée des métiers, c'est moi qui l'ai inventé, maintenant je voudrais le renommer lycée polytechnique... Dites donc, vous n'avez pas de patron, vous avez bien raison, on s'en passe des patrons... Et vous, vous étiez dans le second œuvre ? Normal, les filles, c'est plus précautionneux, plus précis.*

1. En charge de la communication de Jean-Luc Mélenchon.

Déjeuner avec des auteurs. Je prends mes jambes à mon cou, rejoins mes copains de France Inter, retrouve le staff mélenchoniste au Nouveau Monde, une heure plus tard, pour faire le tour des stands de BD.

Juste après, tout chavire. J'ai souvent tendance à vendre la peau du candidat avant de l'avoir tué.

La rencontre avec les éditeurs, les auteurs, est un moment de joie intense, de proximité forte avec Jean-Luc, me laissant croire que nous pouvons tout nous dire, qu'il y a matière à créer une véritable complicité. Comme une jeune fille qui rêve de mariage parce qu'un homme lui a frôlé la bouche, je me ratatine pour rien, sur une remarque déplacée.

Il discute avec chacun, serre les mains, développe, *moi aussi j'ai dessiné, je dessine toujours*. Photographes, journalistes en grappe. Je parviens à me faufiler, enroulée tout contre lui, lorsqu'il s'arrête au stand d'Actes Sud. Coup de chance, il reste planté là. Une auteure réalise une dédicace sous forme d'aquarelle, ça prend du temps. Je le contemple, sans rien dire. *Dites, vous, Madame l'auteuuuure* (il se moque), *ne trouvez-vous pas que l'on s'abstrait plus vite de l'existence en dessinant qu'en pianotant sur son ordinateur ? Moi, le dessin m'emmène beaucoup plus rapidement dans une bulle.*

C'est lui qui entame la conversation. Nous restons un bon moment, bavardons du poids de la campagne, de la poésie broyée par l'action. Il pimente ses analyses de quelques saillies, *les technocrates, ils ne comprennent rien à la dimension onirique de la politique*, évoque Prométhée, récupère la dédicace en poursuivant son raisonnement, vagabonde, me pose des tas de questions, livrant régulièrement des bribes sur son rapport à la conquête du pouvoir, se gausse gentiment de l'écriture. Je suis bien. Lui aussi, je crois.

Tout va trop vite, comme dans un film visionné en accéléré. Je ne me souviens pas des détails, seulement de quelques scènes, plus longues, plus marquantes. Nous marchons côte à côte dans la rue, il salue des bénévoles chargés de la sécurité pendant le festival, pose deux, trois questions, sur leur engagement, leur passion, reprend, en insistant, le mot « passion », souligne, *ah oui, c'est une passion ?* Devant les bénévoles, j'accroche son épaule, réplique tout haut, *et vous, c'est quoi, c'est qui, votre passion ?* Première erreur. Les bénévoles décrivent le sauvetage en piscine de manière décalée, je me laisse aller à un petit rire nerveux. Deuxième erreur. Jean-Luc me fixe, *non, mais elle rigole, celle-là. Ils sont barges, ces romanciers !*

Je n'ai aucune jugeote, aucune psychologie, convaincue que nous folâtrons, libres, décomplexés. Des auteurs de BD l'apostrophent. En dialoguant avec eux, il demande, *dites, au lieu de me regarder, vous pourriez pas travailler un peu, participer en faisant une BD racontant ma campagne d'une autre manière ?* Cherche son équipe des yeux, ils sont loin. Je hèle Juliette : *viens ! Il faut récupérer des numéros de téléphone,* avant de m'esclaffer devant Jean-Luc et les dessinateurs, *je suis la stagiaire de Juliette, tout va bien se passer, laissez-moi vos numéros.* Silence de mort. Jean-Luc fait un pas en arrière, son regard assassin ressurgit – celui des meetings quand il prend la mouche. Il m'inspecte de haut en bas, vocifère, *la stagiaire de Juliette, elle ramène moins sa science que vous, alors bouclez-la !* Couleur pourpre, violacée de son visage.

Sa remarque anodine arrive comme un coup de poignard, par surprise. Je m'étais inventé un paysage rose avec des nounours, des carambars, des fleurs, des confettis, des récitations, des sucres d'orge, un *Pays de Candy* doré sur tranche. Au lieu de cela, je reçois une réplique digne de Frank Underwood dans *House of Cards.* Réveille-toi, chérie, la vraie vie t'a rattrapée.

Politique, tu me tues.

VIVRE

Gelée dehors, brûlée dedans. Bras placés en arrière de la nuque, je glisse lentement dans le tube du scanner. Le liquide coloré s'infiltre dans mes veines. Sa chaleur s'empare de mon cou, descend, parvient jusqu'au bassin. C'est long, c'est court. Je ressors. Rien à signaler. *Oh, si, pardon. Vous avez quelque chose, un nodule sur la thyroïde, il faut faire une échographie pour y voir plus clair.* Quarante-huit heures plus tard, la radiologue précise. *Il n'y a pas une tumeur, mais dix-huit.* Cela forme ce qu'elle appelle *un goitre.* Apogée du glamour. — *Ne vous inquiétez pas, madame, un nodule seulement semble douteux. Une simple ponction pour juger de sa malignité et l'affaire sera close. Cela ne vous a pas gênée jusqu'alors ? L'une des tumeurs mesure près de quatre centimètres.* — *Mais si, docteur, j'ai pensé à une angine rampante liée à l'excès de tabac, tant ma déglutition est difficile depuis six mois.* Le médecin me raccompagne jusqu'à la porte du centre d'imagerie médicale : *Savez-vous que la thyroïde est le siège des émotions ?*

Des vertus de la monomanie. À ces mots, je ne songe pas à la suite des opérations. Une idée, seulement : « le siège des émotions », voilà l'objet de ma quête. Le siège sur lequel veulent s'asseoir les candidats à l'Élysée. Les émotions qu'ils mettent à jour pour le conquérir. Tout concorde. Radios en main, je rejoins mon domicile en sautillant. J'ai gagné, nous sommes en phase, eux et moi.

Une semaine plus tôt, je faisais moins la maligne. Red Bull, Guronsan, vitamine C, caféine à boire et à sucer, rien n'y fait. Je tombe de sommeil dans les toilettes des meetings, ne parviens pas à écrire plus de deux heures sans m'endormir, le visage écrasé sur mon bureau. Traîne mon corps comme un fardeau. La tête doit dominer les jambes, alors ce corps, je l'ai oublié, je ne l'ai pas entendu m'appeler au secours. Ensevelie sous la campagne, ivre des candidats, je n'écoute rien d'autre qu'eux.

Samedi 7 janvier, j'annule au dernier moment un déplacement à Clermont-Ferrand avec Emmanuel Macron, le cœur brisé, incapable de m'extraire de mon lit. Chaque occasion politique manquée ressemble à un amour qui s'échappe. Total, le lendemain, je rassemble mes forces, retrouve Jean-Luc Mélenchon à Tourcoing, certaine que mon asthénie répond à la fréquence des trajets pour sillonner l'Hexagone derrière mes compères et leurs réunions publiques multiples.

En sortant du show de Tourcoing, je chancelle, m'écroule sur le trottoir, devant la gare. Il fait zéro degré. Mon mari m'emmène aux urgences, dès mon retour à Paris. Hôpital Cochin. J'indique à l'interne qui m'examine, *remettez-moi sur pieds pour demain, je dois partir à Berlin dîner avec Daniel Cohn-Bendit après l'allocution d'Emmanuel Macron à la Humboldt, je rends le manuscrit d'un livre dans un mois.* Enfermée dans ma course, je ne perçois même pas à quel point mes mots peuvent sembler prétentieux, à côté de la plaque. L'urgentiste me dévisage, sidéré.

— *Ne souhaitez-vous pas savoir pourquoi vous êtes dans cet état ?*

— *Mais non, je ne veux pas savoir. J'ai besoin de terminer mon travail, retourner dans la vie, la vie que j'aime avec les candidats. Nous réglerons le reste plus tard.*

Il n'y aura pas de Berlin pour moi. La thyroïde n'est pas la seule responsable de mon état.

Trahir

Fréjus, samedi 17 septembre 2016.

Il y a vous, il y a moi, il y a nous.

Vous faites un point presse, assise face aux journalistes. Tout contre vous, je suis accroupie au sol, en contrebas de la chaise sur laquelle vous vous trouvez. Ma tête frôle vos genoux.

Depuis ce matin, je regarde sans cesse ce cliché, envoyé par l'un de vos collaborateurs. Pour me souvenir, pour me faire peur. J'ai la mine si pénétrée que l'on me croirait envoûtée.

Oui, d'une certaine manière, vous m'avez jeté un sort, à mon corps défendant. Vous m'avez attrapée par surprise.

Entre vous et moi, ce fut immédiat. En ce qui me concerne, je n'ai pas honte de le dire, c'est un coup de foudre. Pas au sens amoureux du terme, mais un élan sincère, irrépressible, brutal, vers la femme et vers la femme politique que vous êtes.

Attachante, fascinante, puissante, d'une intelligence plus intuitive que cérébrale, ce qui n'enlève rien à votre charme.

Je déteste vous aimer, vous le sentez. Alors, vous me laissez vous découvrir, me frotter à vos paradoxes, élucidant les miens, au passage.

Que voulez-vous, comme les enfants, j'aime jouer avec des allumettes.

*

J'ai écrit cette lettre à Marine Le Pen lors des Estivales du Front national. Je ne la lui ai jamais remise.

Parce qu'après, c'était déjà trop tard.

Aimer

Je vis à travers eux, avec eux, pour eux. Je suis devenue leur papier calque, leur prisonnière, leur chose. Parce que je prends la même drogue qu'eux. Leur accoutumance s'appelle la voracité, l'intensité de vivre, la frénésie d'exister. Ils suintent la dépendance de naître et de renaître, le zoom, le *kif* de la vie déroulée sur écran géant. J'ai tout avalé.

Ils s'appellent Alain, Benoît, Bruno, Emmanuel, François, Jean-Luc, Marine, Nicolas… Je voulais être eux, ressentir, vivre comme eux. Attirée par leur course, leur graal, je cherche ce qu'il y a en-dessous, dedans, à l'intérieur. J'ai pris leurs modes, leurs manières, transformant mon existence en table de multiplication. Ne plus dormir, trop séduire, empiler les mots, les conversations, les gens, les situations, remplir les journées jusqu'à vaciller. Tomber à terre, épuisée. Ne plus savoir qui l'on est, comment on s'appelle, quelle heure il est.

Au départ, l'affaire semblait bien cadrée. Peu à peu, le piège s'est refermé.

Chatou, août 2016. Meeting du lancement de campagne d'Alain Juppé. Je le connais bien, pour avoir précédemment enquêté sur lui. Ding-dong. Quelqu'un m'a volé mon Alain à moi. Il n'a plus la même voix, plus les mêmes intonations, plus les mêmes gestes qu'avant l'été. Il ne dit plus tout à fait les mêmes choses non plus. De retour à mon bureau, sur un petit cahier, j'écris, *plonger, me blottir contre eux tous. Les aspirer, les dégorger, qu'ils me crachent leurs errances pour vampiriser leurs forces, inhaler leurs démences.* Tu parles d'un programme.

Un grand tableau, collé au mur de ma chambre. Noms des candidats potentiels en abscisse, jours de l'année en ordonnée, villes où ils se rendent dans les cases croisées. Du mois d'août 2016 au mois de février 2017, je ne rentre chez moi que deux ou trois nuits par semaine. Le reste est distribué à booking.com, à la SNCF, aux réunions publiques, équipes de campagne, salons et divers lieux de leurs interventions. Je me nourris de sandwichs et d'applaudissements, connais *La Marseillaise* par cœur, abandonne mes enfants. Merci la vie.

Tout s'enchaîne. C'est bon, c'est fort, c'est extatique. À chaque candidat, je fais croire que les autres m'ont donné leur accord pour que je les suive, *embedded*, comme on dit quand on se la joue. Des meetings jusqu'à la nausée. Je me rapproche chaque semaine davantage de l'estrade, des troupes, des hommes et des femmes sur lesquels je travaille. Discuter avec un directeur de campagne, envoyer un grand sourire au chargé de presse, pérorer avec les affidés. Je veux les étouffer, c'est eux qui m'étoufferont.

Dix personnalités dans le viseur, certaines vont dévorer mon temps. Je m'embarque à leurs côtés, la nuit, le jour, sur les routes, dans les trains, les autocars, les voitures, avant, pendant, après leurs discours, collée à leurs bouches, à leurs oreilles, à l'affût de leur souffle qui se fait court, de leurs doigts tremblant sur le pupitre, du nombre de feuilles qu'ils tiennent en main pendant leurs allocutions, des regards qu'ils échangent avec leurs adjoints, de la moindre gesticulation signant leurs pleins, leurs creux. *Si l'on fait le bilan carbone de ton livre, c'est l'épouvante !* Elle est drôle, mon éditrice.

Je n'ai rien vu des villes, Aix, Lyon, Marseille, Bordeaux, Metz, Nevers, Le Mans, Les Sables-d'Olonne… J'assiste aux spectacles, dors dans les mêmes hôtels qu'eux, les suis à la trace.

Nulle en géographie, je ne sais même pas situer où je me trouve sur une carte de France. Un jour, je dis à Gaspard Gantzer[1], qui me propose de rejoindre un déplacement présidentiel : *Ah oui ? Vous êtes près de Cergy-Pontoise mardi après-midi ? Nickel, je suis en Moselle avec Emmanuel Macron mardi matin, je pourrai vous retrouver dans l'heure.* Pauvre inculte.

1. Chef du pôle communication à la présidence de la République.

Sélection discrétionnaire, folie en ligne de mire. D'entrée s'imposent les profils romanesques. Fêlures, aspérités, déséquilibres à volonté. Marine Le Pen, Jean-Luc Mélenchon, Emmanuel Macron, les candidats hors primaires, la jungle autoproclamée de « l'anti-système » (à tort ou à raison), déclenche davantage d'émois. Plus libres, plus affranchis, moins dépendants des cadres et des éléments de langage que dictent les structures pyramidales, ils laissent leurs tempéraments, leurs paroles, déborder des rails. Je me cale dans leur sillage. Leurs équipes sont moins préparées, surmenées en raison du succès croissant. Elles ne vérifient pas ce qu'il se passe entre eux et moi.

Les autres candidats, je les suis de côté, ils me servent de commentaires, de trait d'union, de ponctuation. Certains m'ennuient, ils le savent, le sentent. Nous nous saluons parfois gentiment, parfois violemment.

Jean-Pierre V., un ami éleveur de papillons, m'a expliqué un mécanisme psychobiologique appelé « l'imprégnation », à propos du film de Jacques Perrin, *Le Peuple migrateur*. Jean-Pierre a assisté au tournage pour y lâcher ses papillons. Là, se trouvaient des oies destinées à être filmées, accompagnées de leur « imprégnatrice » : une femme que les jeunes oiseaux avaient vue en premier à leur sortie de l'œuf, dont ils reproduisaient tous les mouvements et gestes, marchant derrière elle sur terre, volant même dans son sillage, lorsque celle-ci était placée dans un ULM. Ce mécanisme d'imprégnation, courant chez les oiseaux et certains mammifères, intervient également lors de l'apprivoisement, de la domestication ou lorsque l'on soigne un animal sauvage blessé.

Au fil de la campagne, mes imprégnateurs surgissent par report. « Marinisée » avant d'être « Macronisée » et « Mélenchonisée », je perds celui qui me servait de boussole. Ni repère politique ni repère humain, mais repère éthique, Alain Juppé m'abat en même temps qu'il s'éteint. Tout en attendant inlassablement son retour, je compense sur les autres. M'approprie leurs déchirures, leurs chagrins, trop sensible à leurs maladies du cœur, de la tête et du reste. Je les aime, tous. Parce qu'ils sont détraqués.

L'ailleurs devient ma maison. Rassemblements aux quatre coins de la France, confidences des poulains, de leurs entourages. Je privilégie toujours les « petits formats » aux grandes réunions, les moments et les allocutions peu médiatisés, au fin fond du territoire, voilà l'antre de ma chasse.

Avec un candidat, il n'y a rien de plus sensuel qu'un déplacement. C'est un petit pays d'odeurs, de couleurs, de saveurs, fabriqué le temps de quelques heures. L'absorption d'un staff, d'un homme, d'une femme, de leur univers, jetés à la face du monde. Lorsque je pars avec eux, je pense souvent à ce titre de film, *Dans la peau de John Malkovich*.

Six mois, un but. Embrasser qui ils sont, depuis leurs entrailles, à plat ventre, tenter de saisir ce qu'est la politique, l'être politique contemporain, à travers la figure de leur orgasme, de leur montée au ciel, de leur descente aux enfers. Voilà mon fantasme impalpable, peut-être inatteignable. Explorer ce lieu qui dit tout d'eux, mais qu'aucune conversation ne peut révéler. Seule l'inconscience de la conquête du pouvoir démasque le gène qui les différencie du reste des mortels, les bestialise à l'excès.

Là se joue leur pacte faustien avec la politique. Celui qui fait qu'un jour dans leur vie, ils chavirent dans la quête du pouvoir suprême, sans jamais parvenir à en sortir. Dans ce recoin, à cet instant précis, ils perdent toute advertance, transcendés, repus d'eux-mêmes puis étalés au sol, annihilés quelque fois.

Bien plus que n'importe quels fatras personnel ou diseurs professionnels, cette bagarre devient le miroir sans tain de leur mise à nu, en danger, en vérité. Ils s'y révèlent comme nulle part ailleurs, si ce n'est dans un lit. Coup de chance, avec eux, inutile d'aller jusque-là.

Il n'y a pas de bons, pas de méchants. Il n'y a que ce qu'ils sont dans l'ultime naumachie. Ou ce que je vois d'eux, parce que j'y projette une interrogation vitale : faut-il vivre ainsi pour se sentir vivant ?

Me lover contre eux, c'est aussi démêler qui je suis, où je vais. Mon expédition s'initie au mois d'août 2016. Le début d'une campagne. La leur, vers le pouvoir présidentiel. La mienne, vers eux, vers moi-même. Jusqu'à la bascule finale. Vers la vie ou vers la mort.

C'est cela la politique. Une corrida où la vie et la mort ont la même valeur, parce qu'elles sont indifférentes. Il n'y a que le combat qui vaille.

Dévisser

Dis donc, il t'a bien niquée, François Fillon, la réalité dépasse le Tchakaloff. Le mec est encore plus dingue que toi !

Cette phrase, prononcée par l'un des anciens lieutenants du candidat, achève ma journée du dimanche 5 mars[1] en beauté.

Quarante-huit heures plus tôt, bureaux de Flammarion, place de l'Odéon, Paris.

Où en est la fabrication ? S'il part comme ça chez les libraires, moi, j'arrête, ça m'est égal, on jette le livre, voilà, c'est tout.

Impression interrompue, polymères bazardés, machines stoppées.

Deux bouteilles de vin en plein après-midi, prostrée dans le bureau de mon attachée de presse, inerte. Éditrice au bord de l'AVC. Mille coups de fils au ban, à l'arrière-ban politique. Familles, amis,

1. Jour du rassemblement autour de François Fillon, place du Trocadéro, Paris.

conseillers. En vain. Personne ne sait où l'on va, qui va sortir, qui peut gagner.

— *Allô ? Laurent*[1] *? Je viens de tout pilonner. Je fais quoi maintenant ?*

— *Tu es sympa, je ne suis pas devin, tu te débrouilles !*

J'appelle tous les autres, mêmes réponses, quelle que soit l'étiquette. M'effondre au sol, verre à la main.

Ce week-end-là, Alain s'isole, ne répond pas ou peu à son portable, y compris à ses plus proches. Les tractations vont bon train avec Nicolas Sarkozy, mais Juppé n'est pas homme à faire un coup d'État. La place, il la veut nette. Le désir, l'adhésion de toute la droite, il en a fait une condition indispensable à son retour. On connaît la suite de l'histoire.

De mises en examen en désertions multiples, chaque jour nous emmène vers un nouveau drame, épisode d'une série américaine sans sous-titres. Nous sommes à trois semaines de la sortie de ce livre. Son aventure chaotique est à l'image de la campagne.

Sa folie, ses turbulences, ses précipices bouillonnants, sa privation des vrais sujets ont atteint ceux qui sont couchés dans ces pages. Pas seulement. Tous ceux qui ont participé à la naissance de ce livre sont devenus timbrés.

Résignation.

1. Laurent Juppé, fils d'Alain Juppé.

Finalement, je ne veux plus rien toucher, plus rien écrire. Terrifiée. Même le bon à tirer m'apparaît comme un virus, un arsenic qui azimute.

Au bout du compte, tout peut changer, rien ne peut changer, peu importe, ce n'est pas mon sujet. Les scories, les peaux mortes, les derniers faits d'armes politiques ne truqueront pas l'immuable scénario de ceux que je poursuis.

Celui d'un cross, d'un vertige, d'un trop-plein, d'un abysse.

Divine tragédie.

Flamber

À toute blinde, gyrophare vissé sur le toit. Motards ouvrant la route, je ne sais pas combien ils sont, quinze, vingt, trente. Feux rouges grillés. Circulation empruntée à contre-sens. Panneaux de limitation de vitesse, nous roulons au double, au triple. Pas de ceintures, ni devant ni derrière. Convoi de six voitures, plus la nôtre. Je voudrais vivre tout le temps comme cela. Que tout aille vite, que l'on brûle tout, en apesanteur, que l'on diffère tout, sans rien respecter. Si ce n'est les gens.

Il dit, *j'ai envie de vomir, je suis trop fatigué, je ne tiens plus debout*. Je rétorque, *bon, ben alors, reportons notre discussion, dormez un peu, je préfère couper un chapitre du livre plutôt qu'être recouverte de ce que vous allez déverser sur moi*. Il se marre. Il est blanc, maigre, décharné. Il est cultivé, fin, délicat, hyper séduisant. Ce n'est pas son corps, son absence de corps, son petit costume en velours marron foncé mal coupé. C'est ses yeux, sa profondeur, ses mots, sa subtilité, sa sagacité, son humour, sa distance analytique aux choses, son absence de distance affective. Sa volonté de tout faire pour rester fidèle, même quand ce sera fini, plié, enterré. Parce qu'au bout du compte, il n'ira pas à la présidentielle, François Hollande.

Octobre 2016. À l'arrière de la voiture, mon voisin s'appelle Gaspard Gantzer. Il a remplacé Aquilino Morelle[1] à la tête du pôle Presse et communication à l'Élysée, après son départ fracassant. Gaspard tutoie le Président, Gaspard adule le Président. Gaspard est l'ombre du Président, qu'il suit absolument partout, si ce n'est quelques déplacements à l'étranger. Aujourd'hui, nous pourrions être dans un *go fast,* mais non, le véhicule que nous suivons est celui du chef de l'État. Juste derrière lui, nous roulons *au cul de sa voiture.* Demeurer dans son sillage n'est pas une mince affaire, comme dans la vie. De l'Élysée au site de Safran, à Éragny-sur-Oise, ça zigzague dans tous les sens. Le chauffeur s'énerve, ponctuant ses effets façon « fou du volant » de, *non, mais ils font n'importe quoi !,* ou quand il est plus calme, *je suis désolé pour l'accélération, j'peux pas faire autrement, on va les paumer.*

Gaspard, je l'aime depuis le premier jour. Ne dites pas, non, ça suffit, vous aimez tout le monde, Tchakaloff. Et alors ? Il vaut mieux détester tout le monde ? J'ai décidé de traverser la vie avec candeur,

1. Gaspard Gantzer n'a pas récupéré les attributions politiques de ce dernier.

je veux que les gens soient merveilleux. Ne m'empêchez pas d'y croire. C'est tellement plus gai.

Un moment, Gaspard ponctue, *si on a un accident, on dira que c'est vous qui conduisiez, Gaël.* Alors là, mon coco, impossible, je n'ai que mon permis bateau. Le permis voiture, c'est vulgaire. Il me regarde, s'esclaffe, *aïe, on est mal avec vous ! Vous êtes totalement tarée.* J'aimerais lui répondre, devine, ce n'est pas par hasard si je me trouve assise à côté de toi. Le réserve pour plus tard. C'est bizarre, ce vouvoiement que nous nous imposons. C'est mieux, en fait. Cela nous oblige à bien nous tenir.

Avec Gaspard, il y eut le premier jour, le deuxième jour, le troisième jour, c'est tout. Trois jours ont suffi à sceller une alliance, une compréhension, une force. Entre nous, tout est évident. Pas besoin de commentaire.

L'affaire a commencé l'été dernier. J'ai submergé sa boîte mail, tous les jours, fait une OPA sur son portable aussi. Le type aurait dû me détester. Contre toute attente, c'est l'idylle. On a testé l'éventail des émoticônes. Arc-en-ciel des cœurs, bouches, baisers, soleils, tout y est passé. Il faut bien s'amuser un peu.

Élysée. Lors de notre premier rendez-vous, j'ai pensé que ça ne collerait jamais. Il a attaqué direct, *je sais que vous voyez pas mal de monde dans l'entourage du Président et, notamment, je suis au courant que vous voyez Valérie Trierweiler.* Ma riposte, *ah oui ? Depuis quand le KGB s'est-il installé au Château ?* Pour le reste, on aurait cru deux comédiens dans un numéro de duettistes à contre-emploi. Il jouait l'énarque branché remixé par *Rock & Folk*. Moi, la bourgeoise coincée parce que je savais qu'il me prenait pour une déjantée. In vivo, ça donne la scène suivante. Gaspard pose ses mocassins et ses chaussettes rouges sur la table, fait des plaisanteries à chaque fin de phrase, arbore un langage familier. Pendant ce temps, je me tiens droite comme un « i » dans mon blazer bleu marine, empruntant les manières de Ludovine de La Rochère[1], mimant le *shocking* à chaque dérive de sa part. À la fin, il doit me trouver beaucoup plus coincée que ce qu'il prévoyait. Quant à moi, je n'adhère pas à sa façon de se faire passer pour un *destroy* qu'il n'est pas. Nous savons tous les deux pourquoi nous badinons. C'est parti.

Ensuite, tout s'arrange. Nous nous parlons, souvent. Échangeons toutes sortes de SMS étendant le domaine de la domestication réciproque. Je lui raconte l'avancée de mon livre, mes dernières épopées avec les politiques. Nous nous revoyons. Je pense écrire sur François Hollande. Je ne sais pas encore qu'il ne sera pas candidat. Lui non plus.

Gaspard me détaille le tempérament du Président, sa vie, son œuvre, ses amis, sa famille, sa manière de travailler. *Même s'il écoute, quand il s'est fait son idée, quand il a choisi son chemin, rien ne peut l'en dévier. Il n'a peur ni du chaos ni du déséquilibre, il a conscience que les autres en ont peur. Il ne craint*

1. Présidente de « La Manif pour tous ».

jamais de mettre toute sa mise sur le tapis. Ça dénote une confiance en soi absolument exceptionnelle… Les hommes politiques sont angoissés par leur image, leur destin, leur défaite, lui non. Ce qu'il signifie dans le regard des autres lui importe peu, même s'il est conscient de ce qu'il renvoie. Le fait d'être sous-estimé, il l'utilise comme une arme. Les autres ne le voient pas venir.

Je l'interroge sur leurs relations. Gaspard étaye, *moi je ne sais toujours pas qui il est. Il ne laisse rien paraître de ses émotions, de ses sentiments… Mais il sent tout des autres, au premier regard. Il repère à dix mètres ceux qui ne veulent pas lui serrer la main. Il arrive dans un endroit, il le sent, physiquement. Après, c'est sûr, c'est quelqu'un qui analyse énormément en amont d'une décision. Il raisonne, parfois à voix haute, devant dix personnes, « si on fait ça, ça va faire ça, alors je peux le faire dans l'autre sens, ça va faire ça »… Les gens pensent que c'est de l'hésitation, non, ça s'appelle de la réflexion et de l'intelligence. Aussi longtemps qu'il est possible de prendre le temps de décider, il va prendre ce temps. Il m'a dit un truc qui m'a profondément marqué, il y a six mois. On parlait des sondages, il a lancé, « moi ma candidature, je ne me prononcerai pas par rapport aux sondages ». Je lui ai répondu, « oui, forcément, la dernière fois, il fallait quand même avoir un certain raisonnement pour penser que tu pourrais devenir président alors que tu étais à 3 % dans les sondages ». « Non, j'étais persuadé que j'allais gagner. En sens inverse, en 2007, j'aurais perdu contre Sarkozy »… Vous voyez, Gaël, François Hollande n'est pas comme tous les hommes politiques, genre Sarkozy qui dit tous les jours, « je vais gagner ». Il sait, compte tenu du moment, s'il peut ou non l'emporter.* Silence gêné de part et d'autre. Gaspard développe sur *le besoin d'hyperactivité* du Président. J'ai l'impression que l'on parle d'un enfant à problème. Revient sur le parcours de son *boss*, concluant par, *Emmanuel Macron je l'adore, il va découvrir ce que c'est… Il ne s'est encore jamais tapé quatre heures de train tous les week-ends et ça, pendant des années. Il n'a pas la force d'abnégation. Ce n'est pas la même race que le président.* Me conseille d'obtenir les faveurs de Jean-Pierre Jouyet, *son premier collaborateur, son meilleur ami, ils peuvent réciter les paroles des chansons de Barbara des heures entières.* Renchérit sur *la fascination du Président pour la création artistique, le génie créateur, Chabrol, Delpech, Ferré.*

En réalité, à chaque conversation, un peu de nous deux, Gaspard et moi, émerge au milieu des différents sujets, craquelant chaque fois davantage nos devantures. Un jour, je le titille, — *Gaspard, qu'est-ce que vous voudriez faire dans la vie quand vous serez grand ? — Rester à l'Élysée. C'est plus que la vie. Il n'y a rien de mieux.*

Un moment amusant, le discours du président salle Wagram, début septembre. J'ai fait un caprice à Gaspard pour être placée au deuxième rang. L'essentiel du gouvernement a honoré la feuille de présence. Stylisme intéressant. À gauche, les femmes sont en robe H&M, à droite, elles portent des tailleurs-pantalons Cyrillus. (J'ai vérifié sur certains sites de shopping en ligne.)

Pierre Nora, Anne Sinclair et Michèle Cotta se dilatent de bonheur. Discours du Président remarquable d'intelligence. C'est le tourne-disque qui est cassé. Il défile en 45 tours plutôt qu'en 78. Phrases d'une longueur proustienne, petite dyslexie oratoire lui faisant mélanger les mots. Comme un curé de campagne, son sermon baisse d'un ton à la fin de chaque locution. Quand la salle applaudit, il prend l'air contrit. Pourtant, à cette époque, le mec est bien en campagne, déroule son bilan, appuie, *certains pensent que l'élection, c'est la primaire. Jusqu'au mois de mai, je suis le seul à avoir l'onction du suffrage universel.* Dénonce les élites, défend les démunis. Comme Marine Le Pen. À la fin, on est au spectacle, il est bissé, remonte sur scène pour saluer, encore. Derrière moi, une députée marmonne, *le pauvre, il en a tellement gros sur la patate.* En sortant de la salle, François Hollande serre des mains. Je me faufile, comme si je faisais partie des apparatchiks socialistes. Il me regarde, tend sa patte, *comment ça va ?*

T'inquiète mon lapin, tu auras vite fait de m'identifier.

Depuis, Gaspard l'a briefé. Après le grand huit du parcours pour rejoindre Éragny, nous arrivons sur le site de Safran. Épuisés tendance purée, comme si nous sortions d'une moulinette. Allez, hop, la visite. Le Président fait mine de s'intéresser à tout. Dieu sait que c'est technique. Présentation de moteurs, engins bizarres dont je ne vois pas à quoi ils peuvent bien servir. François Hollande, devant un monceau de fils entortillés, *ah ! C'est sans doute assez léger comme système ? C'est pas embarrassant ?* Puis, s'adressant aux ingénieurs, *et vous, vous êtes là depuis longtemps ?* Juste derrière lui, Gaspard et moi nous conduisons comme des cancres, sales gosses insortables. À chaque démonstration, on est au bord des larmes, tellement on rigole. François Hollande se tourne vers nous, met l'index devant sa bouche. Ça veut dire *chut, taisez-vous les asticots*. Il s'éclipse quelques minutes avant de prononcer son allocution. Gaspard traduit, *soit pour réviser son discours, soit pour téléphoner, ça s'appelle un « temps réservé »*.

Retour du pontife, toujours escorté par ses six officiers de sécurité. Pas de bol, panne d'électricité pendant son intervention, plus de micro, il poursuit, comme si de rien n'était. Descend de l'estrade. Une fille se jette à son cou, *je vous adore !* Le coquin se laisse faire. Enchaîne les selfies, dans une réjouissance non dissimulée. Lui, sa drogue, c'est les autres. Après les ribambelles de groupies, le Président se tourne vers moi, chaleureux, *alors ? Il paraît que vous allez nous suivre partout ?* Je réplique, *et oui, à partir d'aujourd'hui, je suis la doublure de Gaspard !* Il dévisage Gantzer d'un air entendu, *hahaha, tu m'en diras tant… comme par hasard* ! Sentiment soudain d'être une poupée gonflable.

Ça bouge, on y va, m'indique Gaspard. Ici, on parle comme dans une équipe de police en pleine filature. Courons tous les deux vers la voiture de mon acolyte pour ne pas faire attendre le Président, sur le point de rejoindre la sienne. Nous installons à l'arrière, commençant à raconter des blagues, avant le départ du convoi. Quelqu'un tape à la fenêtre, du côté de Gaspard, *il veut que vous montiez avec lui pour le retour*. Gantzer semble surpris, balbutie, *euh, je suis vraiment désolé de vous laisser seule dans ma voiture, le Président doit vouloir que l'on travaille sur des dossiers ou…* Trop tard, il est sorti. Soit François Hollande l'appelle sur un dossier urgent, soit il fait une petite crise de jalousie. Retour à l'Élysée dans le convoi.

Nous sommes à quelques jours de la sortie du livre, *Un président ne devrait pas dire ça…*[1] Interprétation de Gaspard, *François Hollande, il n'a pas lu le livre. Ce qui l'a vraiment embêté, c'est l'histoire des magistrats. Pendant quarante-huit heures, il ne m'a parlé que de ça. En ce qui concerne les terroristes, les Français adorent, c'est là que les médias se plantent. Moi, plus le temps passe, plus je trouve le bouquin génial. Quel est l'homme politique qui peut avoir le cran et la conscience tranquille pour passer soixante entretiens ? Il y a une part de jeu. Je crois que ce livre va devenir un objet sexy et contre-culture. Le truc chic, c'est de le trouver formidable*. Mais bien sûr.

1. Gérard Davet et Fabrice Lhomme, Stock, octobre 2016.

En revenant d'Éragny, message vocal de Gaspard sur mon répondeur, *je suis confus, Gaël, pas pu vous dire au revoir, on rattrapera cela, vous embrasse.*

Non, on ne rattrapera pas. Quelques semaines plus tard, le Président fait part de sa décision de ne pas se représenter.

Nous continuons à nous parler, Gaspard et moi. Évidemment, c'est plus détendu. Du coup, j'entame régulièrement nos échanges par la même blague, *alors finalement, pour l'après, vous avez choisi quoi comme métier ? Esthéticienne ou coiffeuse ?*

Palper

Il se jette sur les gens, les choses, tout le temps. Agrippe ceux qui viennent à sa rencontre par le milieu des bras, les deux mains placées au niveau des coudes de son interlocuteur. Rapproche sa mine juvénile à quelques centimètres de leurs bouches, comme s'il allait les embrasser. Je me dis, comment ose-t-il, je suis bien la seule à le penser. Il respire, malaxe les produits de la mer, tandis que nous nous bouchons le nez. Attrape les soles, les langoustines, les carrelets, pose des questions à tout bout de champ, *ça se vend combien un turbot, ils sont revenus à quelle heure les bateaux, ils sont tous repartis déjà, et ces poissons-là, ils sont pêchés à la ligne ou aux filets ?*

5 heures du matin, port du Guilvinec. Glap, glap. Bruit des bottes en caoutchouc, pieds frigorifiés. Il veut visiter la soute des chaluts, alors qu'il fait nuit, qu'il fait froid, toute l'équipe trépigne, grelotte. Il reste un temps fou dans le ventre du bateau, nous le laissons y aller tout seul. Sur le quai, Richard

Ferrand[1] se penche vers moi, entre deux bouffées de cigarette, *il va le racheter le bateau ou quoi ?* Sophie Ferracci[2] pianote sur son téléphone, consulte la météo chez elle, en Corse, pour nous remonter le moral. Raté, il neige là-bas. Petits poumons du candidat. Richard reste l'un de ses chiens truffiers en politique, aux côtés de Gérard Collomb. Sophie a abandonné son métier d'avocate pour épauler son ami dans la campagne.

Emmanuel ressurgit, regard soudainement humide. Une femme et sa fille, spécialement venues à l'aurore pour le voir, lui étalent leur détresse. Il se reprend, cache, un peu, les vaisseaux de son cœur.

Plus tard, il me confie, *je suis dénudé quand les gens qui viennent à moi le sont. Je me vois donner de plus en plus et, en même temps, je me vois de plus en plus lourd, gréé de la conscience croissante de ce que je suis amené à porter représente. C'est une chape, la part du malheur qui va avec la fonction. Ce que les gens attendent de vous est un poids terrible, qui ne se partage pas, isole effroyablement.* Ses yeux fixent un point, dans le vide.

La veille au soir, meeting à Quimper[3]. Toujours plus survoltée que la situation ne l'impose, Sibeth Ndiaye[4]

1. Secrétaire général d'« En Marche », député PS de la sixième circonscription du Finistère.

2. Cheffe de cabinet d'Emmanuel Macron, femme de Marc Ferracci (témoin de mariage du candidat).

3. 16 janvier 2017.

4. En charge des « relations presse » d'Emmanuel Macron.

le maquille avant de monter sur scène. Place fermement ses doigts de chaque côté des mâchoires d'Emmanuel, applique anticernes et poudre à la va-vite. Il perçoit ma surprise, *regardez ce qu'elle fait de moi !* Les femmes qui l'entourent le cajolent. Il est leur star, leur Barbie, leur Bébé Cadum.

Début du spectacle. Richard Ferrand ironise, *je n'ai pas l'habitude d'être le doyen…* Son champion arrive du fond de la salle, bras tendus, entouré de musiciens bretons. *Bonjour Quimper, bonjour le Morbihan, bonjour la Loire-Atlantique !… Je suis venu vous parler d'ambition… Dans cette terre d'aventuriers… Comment ne pas penser à l'île de Sein, ce tréfonds de notre histoire… où cent vingt-huit pêcheurs ont décidé de ne pas abandonner… Comment ne pas se souvenir du général de Gaulle passant en revue les résistants, s'exclamant : « Mais l'île de Sein, c'est donc le quart de la France ? »*

Il est ému. Je le sais désormais, son cheveu sur la langue se fait alors plus appuyé. *Vous pouvez être sincèrement bretons, puissamment français et totalement européens sans que jamais ces sentiments ne s'opposent… L'ambition n'est pas un vilain mot, c'est ce qui permet à celui qui n'a rien de construire sa propre vie…* Même pas peur, il ose citer Marcel Pagnol en Bretagne, *si l'on veut prendre la mer sans risque, mieux vaut acheter une île qu'un bateau ;* griffe François Fillon, *je n'ai toujours pas compris ce que sont les petits soins : des petits rhumes ?* ; salue le travail gouvernemental de Jean-Yves Le Drian et Stéphane

Le Foll. Il parle grand, il parle petit, il parle féérique. Chez lui, le programme ne constitue pas l'enjeu. Il n'est pas encore prêt, il sait que chaque proposition l'expose aux critiques, il a opté pour une autre cartographie du verbe. Celle qui s'adresse à la partie arrière du cerveau, au supplément d'âme des Français que les politiques ont délaissé depuis François Mitterrand. La transcendance et la poésie plutôt que l'égrenage de mesures. *Les Bretons peuvent se cabrer contre l'État mais jamais ils ne le font contre la République.* À l'évocation de Donald Trump, l'assemblée siffle, *n'oubliez jamais ce que vous nous devez, c'est la liberté, regardez votre histoire, celle de Lafayette.* Soudain, un homme l'interrompt, *j'ai une question !*, Emmanuel tranche, *quel est le sens d'une démocratie où je ne répondrais qu'à une seule question alors que nous sommes plus de deux mille ce soir ?* Reprise du déroulé, *une fois que nous aurons pris le pouvoir, ce sera pour vous le rendre… J'ai besoin de votre fougue, de votre empathie, nous irons jusqu'au bout…* Il respire très fort, comme s'il étouffait, bras en V, main sur le cœur. Les équipes le rejoignent sur l'estrade, il hurle *Kenavo !*, ferme les yeux. Son corps vibre, j'ai l'impression qu'il va tomber. Mais non.

À propos des moqueries que suscitent ses positions christiques, il m'a déjà mise au parfum. *Je suis habité, sans doute. J'adore ce que l'on fait, c'est l'un des sels de ma vie. Je n'ai jamais été à côté de ma vie. Beaucoup de gens sont habitués à la distance. Moi, que ce soit pour ma vie privée ou professionnelle, je n'ai jamais vécu dans le regard des autres, je ne me suis jamais construit pour m'adapter à ce que les gens veulent voir ou entendre. C'est à prendre ou à laisser.* Son entourage craint son impulsivité, s'en épanche auprès de moi, impuissant. Emmanuel fait exactement ce qui lui plaît.

Quimper, de l'autre côté du rideau. Il sort de scène, *J'adore faire ça ! J'ai parlé combien de temps, ce soir ?* Brigitte l'aspire d'un œil fiévreux, se tourne vers moi, *il est vraiment extraordinaire !* Un photographe « shoote » pour la marque Paule Ka, interpelle le candidat, *non, la cravate comme ce soir, ça va pas, le nœud, ça fait gendarme. Il faut la nouer façon Obama, comme cela.* Emmanuel appelle un membre du staff pour qu'il apprenne à reproduire le geste.

Pendant que le candidat discute avec un homme dont l'entreprise est en liquidation, lui explique la marche à suivre pour s'en sortir, Brigitte me parle de ses petits-enfants, qu'elle doit délaisser, quelques mois. *Trois ans, c'est un âge merveilleux. Ils m'en veulent de ne pas être là.* Embraye sur le rythme de son mari, elle fait *attention de ne pas trop se montrer*, puis tempère, *il faut que je sois là, quand même, pour qu'il mange correctement, dorme suffisamment. Il doit tenir cent jours encore.* Je l'observe dans sa bienveillance, sa mise, toujours neutre, un tantinet dissonante. Pull marine boutonné sur le côté, slim en cuir stretch, trop serré autour de jambes fines, boots semi-motardes, brushing à l'américaine. Le soir, en revenant à l'hôtel, elle nous quitte quelques minutes avant le cocktail, pour *aller poser les affaires d'Emmanuel dans la chambre.*

Leurs visages sont des langages, ils sont tressés ensemble, n'ont pas besoin de se parler. J'ai saisi au vol, à plusieurs reprises, leurs prunelles imbriquées. Lorsque Emmanuel monte sur scène, il lui envoie des œillades complices, énamourées, un signe de la main, un clignement. Il quitte l'estrade, c'est vers elle qu'il se dirige en premier.

Brigitte est rentrée à Paris. Nous rejoignons Lorient, après la criée. Emmanuel s'imbibe en silence du soleil levant, déformé par le pare-brise de la voiture. Je me pelotonne tout contre lui, à l'arrière de la berline, genoux remontés sur le siège, maintiens mon magnétophone au coin de ses lèvres, soucieuse de l'économiser. Il a perdu sa voix, début de trachéite, discours de la soirée précédente. À midi, seul un filet inaudible sort de sa gorge. Nos têtes se touchent, quasiment. Je murmure, *on dirait le timbre de Marine Le Pen.* Il pouffe, se détend. *Je fais le pari de l'intelligence et de l'intelligence du cœur, c'est très important, ce rapport spirituel et charnel avec le pays. L'intelligence n'est pas quelque chose d'asséché, de minéral. Stendhal est un écrivain intelligent, il a des théories et de la passion. Il faut tenir un vrai romantisme de l'intelligence, expliquer la complexité du monde et la mettre dans un souffle, dans ce qui est notre Histoire, ce vers quoi l'on va. Il faut projeter les gens. La poésie est plus importante que l'action que l'on porte, l'action sans poésie devient la brutalité, elle sonne mat. À cet égard, le manque de spiritualité et de poésie de François Hollande l'a considérablement handicapé pour exercer le pouvoir. Parce que l'enchaînement d'actions ne répond pas à la fibre sensible des gens. La politique est une question de style, c'est comme la littérature, à la fin, il ne reste que le style que vous avez employé.*

Je l'ai trop fait parler, lui apporte un thé, guigné dans la machine à café du centre de rééducation que nous visitons[1]. Ses billes bleues plongées dans les miennes, *mais c'est tellement gentil, je ne sais pas quoi dire.* Moi non plus, je ne sais pas quoi dire, à l'aune de ce que nous découvrons.

Des hommes, des femmes, en fauteuil roulant, aplatis sur des planches, des micros branchés sur la trachée, des ordinateurs sur le ventre, remplaçant je ne sais quel organe. Le centre est réputé, c'est là que Philippe Pozzo di Borgo[2] a été suivi. Emmanuel attaque illico.

— *Quels types de soins, ici ? Mieux vaut ne pas s'approcher des patients, nous allons les déranger, non ?*

— *Mais si, venez, ils vous attendent, nous avons recueilli les autorisations.*

Oui, ils l'espèrent. Ce pourrait être n'importe quel autre candidat. La célébrité diffuse la lumière, réchauffe les désolations. Un jeune garçon, étalé de

1. Le centre Kerpape, à Ploemeur.
2. Son histoire a inspiré le film *Intouchables.*

tout son long sur un plateau, raconte son histoire, *je suis là depuis 2015, à la suite d'un accident du travail, j'habite Vannes.* Le suivant, allongé aussi, en plein soins de kinésithérapie, évoque l'entreprise qu'il dirigeait. Le troisième se trouve sur un fauteuil sophistiqué, il y a des boutons partout, même sur l'appui-tête. Vertèbres brisées à la suite d'une chute. Il entreprend Emmanuel sur la diminution des aides spécifiques au handicap. Quelques minutes après, deux autres, sur des fauteuils encore, lui offrent un cadre rose. À l'intérieur, un ourson, semblant fabriqué au vitrail. *Nous l'avons confectionné pour vous à l'atelier, trois jours entiers.* N'importe qui d'autre aurait montré cela, on aurait pensé à l'illustration naïve d'une crèche pour nourrissons. Emmanuel regarde le tableau comme si c'était un Renoir. Nous le présente, *c'est magnifique !* S'il est comédien, il joue admirablement bien.

Tour des patients. Il se penche à la lisière de leurs cheveux, presque peau contre peau, pose ses doigts sur leurs jambes inertes, baisse la tête quelques instants, recommence.

L'un d'eux, o*n va gagner, les doigts dans le nez !* Tout le monde rigole, j'ai envie de pleurer. Nous changeons de salle, Emmanuel cherche la cheffe de service, il veut la remercier pour la visite. Prononce quelques mots inaudibles, comme une chanson de Tom Waits. Un responsable départemental d'« En Marche » se rapproche de moi, *à l'entendre, on dirait qu'on fait un déplacement en Sicile.*

Ultime laïus dans le foyer du centre, il s'excuse de son aphonie, se rapproche du micro. *Chacune et chacun, vous m'avez rapidement, trop rapidement dit un peu de vous… Face aux coups de la vie, on ne peut pas tout réparer mais on peut prendre des engagements… L'innovation, on pense que c'est fait pour les start-up, mais l'innovation, c'est fait pour la main de ce monsieur, les jambes de cette dame… De vos accidents de vie, de vos injustices, je retiens l'optimisme, la volonté.* Dix minutes, intenses. Il embrasse les uns, les autres. Soazig de la Moissonnière, photographe attitrée d'Emmanuel, se rapproche de Sibeth Ndiaye, *il n'a jamais été aussi bouleversant.* Selfies, accolades. Voilà, c'est fini. Nous sommes restés deux heures.

Je repars pour Paris, confie à Sophie Ferracci un mot pour Emmanuel. Rejoins mon taxi devant le centre, embrasse chaleureusement Richard Ferrand qui fume, encore.

Il lance à la cantonade, *elle est gourmande, Gaël !*

Moins que toi, mon gaillard.

Mourir

J'empoigne chacune de ses épaules, déroule mes bras le long de son dos, l'enlace à l'étouffer, pose mes joues au creux de son cou, remonte ma bouche contre son oreille et susurre les seuls mots qui me viennent : *je vous aime.*

Ses yeux baissés vers les miens, nos désespoirs se croisent, rien ne sort de ses lèvres, pourtant entrouvertes. C'est tout sec à l'intérieur, tout creux, langue paralysée. Les sanglots me gagnent, je ne veux pas qu'il les perçoive, lui qui déteste les effusions, ne jure que par la tenue, la retenue. J'essaie de masquer mon visage, ma tête explose, mes jambes se dérobent, je tremblote. Une poignée de secondes contre son corps glacé, je sens qu'il est dans le même état que moi. Non, pardon. Il chancelle davantage, mais chez lui, c'est imperceptible, sauf à se vautrer comme je le fais peau contre peau.

Nous nous trouvons à l'intérieur du cordon de sécurité, accolés à l'estrade sur laquelle il vient de prononcer quelques mots. Il est un peu plus de

20 heures, ce dimanche 27 novembre 2016. Alain vient de perdre la primaire de la droite et du centre.

Livide, il rejoint les coulisses, suivi d'Isabelle[1], dont j'ai tenu les doigts, croisés dans les miens, pendant l'allocution de son mari. Je cours vers la rue. Respirer, traverser cette salle du quinzième arrondissement parisien à moitié vide, haïr les absents. Sur le trottoir, Laurent[2] est adossé à sa moto. Blouson de cuir, boucle d'oreille, cigarettes en rafale, semblable à lui-même. Nous restons là, quelques minutes, seuls au monde, désarçonnés, orphelins. Vertige de l'après, crainte de la difficulté d'Alain à se remettre du carnage. Laurent me sécurise, *il en a vu d'autres, ils vont partir au soleil avec Isabelle, il va se reposer, ne t'inquiète pas.* Nous nous serrons l'un contre l'autre, un long moment. Tandis qu'il s'éloigne dans la rue pour rejoindre sa famille au Père Claude, un restaurant avoisinant, j'appelle un taxi, me trompe trois fois d'adresse de départ auprès de l'opératrice. Sur le chemin du retour, Virginie[3] me téléphone, elle vient de s'extraire de la salle du quinzième, retenue jusque-là par les caméras. Je lui propose de revenir la chercher, je sais qu'elle est ébranlée, elle aussi. Mais non, elle préfère aller se coucher, sur-le-champ.

1. Isabelle Juppé, femme d'Alain Juppé.
2. Laurent Juppé, fils d'Alain Juppé.
3. Virginie Calmels, première adjointe du maire de Bordeaux et membre de l'équipe de campagne.

21 h 45. De retour chez moi, j'envoie un mail à Alain. L'objet est intitulé « Des baisers ». Une seule phrase dans le corps du texte : *Les hommes qui demeurent dans l'Histoire ne sont pas toujours ceux qui prennent le pouvoir. Je vous embrasse fort, Gaël.*

La politique ressemble à la vraie vie, en pire. Il y a des morts lentes, des morts subites. Des vrais amis, des faux amis, que l'on embrasse sur la bouche, que l'on prend dans ses bras, auxquels on tourne le dos, dans la minute. Sans ambages, sans rancune, sans culpabilité. Tout sera pardonné. Parce qu'en politique, on a le droit de se conduire comme des singes, des primates, ceux que nous étions il y a quelques années, avant que la société nous impose des codes civilisés. C'est pour cela que c'est bon, la politique. Elle permet de revenir à l'état sauvage, réveillant la brute qui sommeille en chacun de nous, sous couvert d'intelligence et d'intérêt collectif. Évidemment, si la politique répondait aux mêmes codes que ceux de la vie traditionnelle, plus personne ne s'adresserait la parole.

Flashback. Depuis le 15 novembre, je discute régulièrement avec Isabelle. Nous savons combien les jeux sont serrés. La veille des résultats du premier tour, elle m'écrit ces mots : *je crois que ce qu'Alain a construit au fil de ces deux années, ce message d'autorité et de tolérance, de fermeté et d'ouverture aux autres, bref de confiance en une identité heureuse, est indestructible.*

Nous avons tous une boule au ventre, le 20 novembre au matin. Deux nuits blanches, le week-end du premier tour, échange de SMS avec Laurent jusqu'à 18 heures le dimanche soir. Retrouvailles dans le quinzième arrondissement, tandis que son père s'apprête à y prendre la parole. Nous tanguons ensemble. Christine Juppé[1], Laurent, sa cousine, Maël de Calan[2], Charles Hufnagel[3], les proches présents ce soir-là s'agglutinent sur les marches en retrait de la scène, les yeux bouffis, silencieux. Nous attendons Alain, parti au QG du boulevard Raspail préparer son discours. Dans un moment d'égarement, je m'accroche à la main de Jean-Pierre Raffarin, ne la lâche plus, avant de me lover dans les bras de Dominique Perben… Tout est permis. Nous assistons à une crémation qui n'en finit plus.

Les membres de la famille Juppé reviennent du restaurant où ils ont accompagné Alain pour le remonter. Lorsque je demande à Laurent dans quel état se trouve son père, il me répond *mal, très très mal*, avant que Christine me souffle *le plus dur, c'est la conscience d'un monde qui bascule vers le conservatisme*.

Moi, je vois plus petit, plus étroit. L'aspect exogène des choses, le comportement des troupes et des journalistes me paraît encore plus rude que tout le

1. Première femme d'Alain Juppé.
2. Membre de l'équipe de campagne du candidat.
3. Membre de l'équipe de campagne du candidat.

reste. Au sein de l'équipe de campagne, les deux hommes les plus proches d'Alain lui conseillent de se retirer, dès le soir du premier tour. Je ne l'oublierai jamais. Parce que la bienveillance de leur objectif n'est pas tout à fait établie. L'un de ces deux-là approche d'ailleurs le cercle de François Fillon quelques heures plus tard, étale tout le bien qu'il pense de cet adversaire, formule les plus vives critiques à l'égard de la nouvelle posture d'Alain. Je me suis amusée à compter les interventions médiatiques de l'équipe durant l'entre-deux-tours : Virginie Calmels, douze interventions ; Édouard Philippe[1], quatre ; Benoist Apparu[2], cinq. Quant aux médias eux-mêmes, à partir du 21 novembre, plus personne ne souhaite parler d'Alain. Je le sais pour en avoir discuté directement avec plusieurs relais d'opinion. Ceux qui se prosternaient à ses pieds, se réclamant de le soutenir, trafiquant pour le rencontrer, ceux-là mêmes ne le connaissent plus.

J'ai mis longtemps à comprendre pourquoi la défaite d'Alain à la primaire m'a tant meurtrie. Mes amis me raillaient, *dis donc, toi qui as toujours voté à gauche, tu ne vas pas nous en faire un cinéma quand même !* Eh bien si, pour moi, c'est un cimetière en super-huit, un enterrement sur écran géant. Celui de quelqu'un qui a allumé chez moi une lumière. Depuis, un petit morceau de moi s'en est allé. À l'intérieur

1. Porte-parole du candidat.
2. Porte-parole du candidat.

du cœur, quelqu'un a ralenti le rythme, ça bat moins fort, moins vite. À l'intérieur du crâne, quelqu'un a pulvérisé une case, ça ne croit plus, ça ne rêve plus. L'idéal, l'espoir, l'enthousiasme, la foi en la magie du monde politique, c'est fini. Tout cela a été piétiné, labouré, égorgé, laminé avec un grand couteau, en une seule soirée.

Les résultats sonnent chez moi comme la rupture d'un amoureux qui vous quitte, tandis que vous pensiez passer l'éternité contre lui. Ce que j'ai vu avant, ce que j'ai vu après, ce que j'ai vu pendant, en dit si long sur la politique que j'ai songé mettre fin à mon travail. Je voulais fermer ce livre qui se déroulait sous mes yeux. Ne plus jamais entendre parler de la campagne. Tout effacer, tout oublier. La politique du déni.

Je sais pourquoi Alain a perdu, j'ai rationalisé depuis. Malgré tout, les larmes envahissaient mes yeux dès que je parlais de lui, dès que je pensais à lui, à sa famille. L'une des raisons de mon traumatisme pourrait être l'attachement que j'ai développé pour ce clan, au fil de mon livre précédent[1]. La véritable blessure est ailleurs.

L'échec d'Alain a brisé le supplément d'âme qu'il m'avait inconsciemment inoculé. Bien que ne partageant pas ses convictions, j'ai été le témoin d'une quête, d'une sincérité, dont je ne soupçonnais pas

1. *Lapins et merveilles, 18 mois ferme avec Alain Juppé*, Flammarion, 2016.

l'existence en politique. Oui, Alain disait ce qu'il pensait et réciproquement. Oui, Alain ne voulait rien renier, refusant de construire un homme politique différent de l'homme qu'il était. C'est pour cela qu'il a perdu. C'est pour cela que je l'aimais, que je l'aime encore.

Alors, naturellement, ses quelques coups de barre à droite me heurtaient parfois, mais sa volonté de hauteur, de dignité, son sens de l'intérêt général étaient si prégnants qu'ils m'avaient emportée tout entière. Alain avait fait poindre une certitude à mon endroit : *les gens bien, cela existe dans la vie politique.*

Au départ, si j'ai décidé de suivre la campagne présidentielle actuelle, c'est parce que l'esprit d'Alain avait coloré en rose bonbon ma vision de la politique en général, des candidats en particulier. Je voulais voir, je savais qu'en eux, les *forces du Bien* étaient présentes, quelque part, même dans un endroit caché, secret.

Dimanche 27 novembre, après avoir passé la soirée en Juppéie, les autres candidats ont été fondus au noir. Fini, terminé, j'ai décidé de tous les jeter. Poubelle, le livre. Touche étoile, la politique.

Jusqu'au lendemain.

Parce que je suis devenue comme eux.

Séquestrer

Minuit. *Where is my mind.* Vodka, cigarettes. Je danse dans mon salon en écoutant Pixies, chante dans le capuchon de mon stylo, saute sur les canapés, cheveux attachés en ananas, essaie toutes sortes de déhanchés, torse nu. Le monde m'appartient. Parce que je vois qui je veux, quand je veux. Je vais tous les cueillir comme des fraises.

Minuit trente, j'envoie un SMS au Premier ministre : *juste vous dire que nous nous apercevrons demain, je viens chez Michelin. Vous embrasse*. Il sait depuis plusieurs semaines qu'il figurera dans mon livre, m'ayant répondu à l'époque un gentil, *avec plaisir, voyons-nous, amitiés*. Pas de retour ce soir-là. Aucune importance. À 21 heures, j'ai prévenu son service de presse de ma présence, nous avons échangé par téléphone.

5 heures du matin. Fond du gouffre, fond de la baignoire, shampoing dans les yeux, vite, attraper l'avion pour Clermont-Ferrand. Aller-retour dans les pas de Manuel Valls. Je dis bien « dans les pas »,

parce qu'il n'est pas prévu que nous ayons une entrevue. Je veux juste repérer ce qu'il donne en public, avec l'image et le son. C'est ma technique. D'abord, je regarde. Ensuite, je m'impose dans le paysage, habitue les équipes à me trouver dans leurs pattes, à chaque déplacement. Enfin, quand j'ai recueilli trop de matière pour qu'ils fassent marche arrière, je dis : *eh bien maintenant, j'ai de quoi écrire trente pages. Si l'on passait à l'immersion complète et aux entretiens privés ? Autrement, je risque de ne pas être totalement dans le juste… C'est vous qui voyez, sentez-vous libres. Naturellement, pas d'obligation.* La majeure partie du temps, ça glisse comme sur du velours. Pas toujours. Autrement, ça ne serait pas drôle.

La vie est une patinoire. On monte sur la glace, sans savoir si l'on va traverser la piste. Avec Manuel, je ne suis pas vraiment inquiète du résultat. Nous nous connaissons, nous sommes vus l'été en Provence dans sa maison de location, il y a quelques années. Nous avons un ami commun. J'ai écrit sur Manuel dans la presse. Bref, ce 16 septembre, je viens tâter le terrain, au cas où il se lancerait dans la course, sait-on jamais.

Arrivée à l'aéroport de Clermont. Navette conduisant les journalistes au siège du fabricant de pneus. *So sexy.* Beaucoup de monde dans le hall d'entrée de Michelin. J'ai pris de mauvaises habitudes avec le reste des candidats. Les équipes me connaissant, la plupart du temps je ne me fais plus badger. En pilote automatique, je franchis le portique spécifiant, *Gaël Tchakaloff. Normal que vous ne me trouviez pas sur la liste « presse », j'ai été inscrite tard hier soir. Laissez-moi vite passer, je vais être en retard, suis dans le staff du Premier ministre.* N'importe quoi, mais ça fonctionne. Je pénètre dans la salle. Manuel n'est pas encore sur place. M'installe debout, contre le premier rang. Un officier de sécurité me demande de me déplacer plus loin, sur un siège. Je ressors mon numéro du « staff du Premier ministre ». Il obtempère.

Je ne pourrai pas reproduire le discours de Manuel. J'ai perdu mes notes au retour. Tourneboulée, la tête à l'horizontale après ce qu'il m'est arrivé.

Manuel quitte la scène, vient de terminer son allocution. Une visite de Michelin est prévue. Un *pool presse* peut le suivre. Cela signifie : uniquement quelques journalistes triés sur le volet. La veille, j'ai demandé à en être, donc je me faufile derrière le Premier ministre lorsqu'il passe. Il ne me voit pas, tant les abeilles qui l'entourent sont nombreuses. Peut-être sept ou huit personnes nous séparent. Tandis que nous parvenons au milieu du hall, une main me barre la route, puis une autre. De gros doigts musclés. Je lève les yeux. Le corps est musclé aussi. Officiers de sécurité. Ils sont deux, trois, quatre, quelques minutes plus tard. *Attendez là, madame.* Ivre de rage, je les agresse, *laissez-moi continuer, je vais manquer le début de la déambulation, dépêchez-vous, je suis Manuel Valls, je fais un livre.* Si je pouvais, je rajouterais, *bande de nazes.*

Film d'espionnage. Je ne comprends absolument rien au jeu. Les costauds me disent, presque gentiment, *suivez-nous, venez avec nous.* Nous empruntons un escalier, puis deux, puis trois, pour rejoindre le sous-sol. Je les accompagne, certaine qu'ils ont décidé de m'aider, radoucis le ton, *c'est adorable de me faire passer par un raccourci, parce qu'autrement, je vais louper tout ce dont j'ai besoin pour écrire. On peut courir s'il vous plaît ?* Non, évidemment, on ne peut pas courir.

Il n'y a plus d'escaliers, juste deux portes. Nous passons la première, la deuxième. Et je ne sais pas comment, aboutissons dans un sas qui doit mesurer trois mètres carrés, coincés entre deux cloisons insonorisées. Je dis, *mais qu'est-ce qu'on fait là ? Grouillez-vous !*

Et voilà, ma grande. C'est la fin de l'aventure. De Clermont, tu auras vu un sas et quatre *Monsieur Propre.*

Explications. Ils confisquent mon sac, mon téléphone, mon manteau, tout. Je glousse, crois à une blague, balance, *hey, les gars, non mais ça va pas ? Vous me prenez pour qui ?* Je mets plusieurs minutes à saisir quelle tournure prennent les choses, parce que les malabars demeurent totalement mutiques. Lorsque j'essaie d'attraper mon portable au sol, ils commentent juste, *un conseil, ne jouez pas à cela avec nous.* Grands yeux noirs couleur « ça fait peur ».

Je n'ai pas pris de drogue, je n'ai pas bu, rien. L'un d'eux, d'un ton sec, m'interroge : — *identité ?* Je décline, — *Gaël Tchakaloff, romancière, Flammarion. — Ah oui ? Pourquoi y a-t-il un autre nom et un autre prénom sur votre passeport ?* Ils ont fouillé mes affaires, sorti mes pièces d'identité. Oui, je travaille sous pseudonyme, leur détaille le pourquoi, le comment. Plus un mot. Ils repartent, me laissant seule avec l'un d'eux. Claquemurée dans le sas, je les entends parler par téléphone, de l'autre côté de la cloison. Reviennent, *vous ne figurez nulle part. Ni sur la liste des accréditations classiques ni sur la liste des journalistes, vous avez franchi le portail de sécurité en infraction et vous n'êtes pas badgée. Vous pouvez nous trouver une justification ?*

C'est tout, pas une phrase de plus.

La voilà, mon erreur. À cet instant, plutôt que d'élucider l'affaire simplement, je suis si déconcertée que j'éclate de rire, je ne peux plus m'arrêter, je suis prête à me rouler par terre, hoquette, leur tape dans le dos, envoie, *vous êtes complètement dingues, les mecs, je suis vraiment romancière, j'ai été accréditée tard hier soir, je connais personnellement le Premier ministre. Vous voulez que je l'appelle sur son portable ? Vous allez vous taper la honte !*

En réalité, ils m'interdisent d'accéder à mon téléphone. La scène va durer plus d'une heure. Tous mes contacts se trouvant dans mon portable, je ne peux rien prouver. Quant à eux, ils se contentent de joindre la sécurité sur place, qui ne voit apparaître mon véritable nom nulle part. Cinquante-cinq minutes plus tard, après mes pleurnicheries, mes supplications, ils joignent le service de presse de Matignon, jusque-là sur répondeur. Croisent les informations, me libèrent. Les rottweilers sont devenus des caniches. *Pardon, madame, mais avec les attentats, nous avons des consignes très strictes. Nous ne pouvions pas savoir. Vous avez été repérée à l'entrée, puis dans la salle, vous en avez fait du vacarme… Les services nous ont demandé de vous intercepter.*

J'aimerais bien savoir de quels services il s'agit.

Réconciliation. La visite de Manuel étant terminée, je fume une cigarette avec eux dans la cour extérieure du bâtiment. Je n'ai rien vu, rien entendu de tout ce à quoi j'étais venue assister. Retourne prendre mon avion, après une journée à Clermont-Ferrand, pour du beurre.

C'est décidé, Manuel, je ne le suivrai jamais plus.

Je vais changer de patins à glace.

CAPTURER

Ils l'attendent. Foule bigarrée, agriculteurs, ouvriers, chômeurs, laissés pour compte. Personne n'a de quoi vivre ici, la débine transpire. À gauche, une petite scène sous une tente de fortune. À droite, deux chanteurs aux looks de Shirley et Dino entonnent « Résiste, prouve que tu existes ». Odeurs de frites, plein air, décor d'une fête à neuneu. C'est l'éclate au Front national.

Je me retourne. Ils sont venus en horde, les gens. Ça submerge les chaises, dégouline sur les monticules de terre alentour. Peut-être mille personnes, voire davantage. Décalé, déroutant, dans un si petit village.

Il fait chaud, Gilbert Collard[1] regarde mes jambes. Je suis placée au premier rang, à ses côtés.

Prise de parole brouillonne du maire. Vingt-deux, la voilà. Tout de bleu marine vêtue, même les

1. Avocat, député RBM-FN du Gard. Secrétaire général du Rassemblement Bleu Marine.

chaussures, même le vernis à ongles. Reluisante. *Enlève-moi le ventilateur !* Je ne sais pas à qui s'adresse Marine, ça court dans tous les sens. Voix posée, incisive. *Nous avons été les seuls à affronter le politiquement correct… Au nom du racisme, c'est en fait eux qui sont racistes… Quelle que soit l'origine, la couleur de peau, nous ne reconnaissons qu'une seule communauté, la communauté nationale.* Pendant qu'elle parle, une femme hurle, *c'est pour cela qu'on a besoin de toi !* C'est reparti. *Les maires républicains frayent avec les islamistes locaux pour acheter des voix aux élections… J'appelle à la résistance… Présider nécessite d'être libre, cela fait de moi une exception dans cette élection présidentielle… Je ne me sens redevable de personne, je n'ai pas l'obligation de me faire aimer des médias… Notre modèle, c'est l'assimilation… Le vivre ensemble, c'est comme la France apaisée, ça ne se décrète pas. Comme l'amour, ça se construit. Le chemin que je propose est l'apaisement par l'autorité… La meilleure arme contre le terrorisme, c'est le bulletin de vote.*

Déception. Pas de crânes rasés, pas de croix gammées, rien. Si c'est cela, le Front national, *ils font toute une histoire pour que dalle*, comme ils disent, ici. J'entrevois la tuile lorsque certains crient *nous, on n'aime pas les journalistes !* Ils ont des têtes banales, communes, les gens. Des têtes qui ont faim. Faim d'être entendues, écoutées. Faim de pouvoir vivre correctement. Quelques semaines plus tard, tandis que nous sommes seules, Marine Le Pen me dit, *certains de ceux qui votent pour François Fillon ne peuvent pas voter pour nous, parce qu'il draine partiellement un vote de classe. Pour ces électeurs, voter Front, ça voudrait dire qu'ils font partie des perdants de la mondialisation, qu'ils descendent de classe sociale. Pour eux, le Front national est un vote populaire, un vote de perdants dans la course. Et dans un certain milieu, on ne peut pas dire qu'on est des perdants, on ne peut être que des gagnants.*

Fourmillement d'officiers de sécurité, *nous sommes quarante au total. Huit viennent de Paris.* Ah oui, quand même, ça fait un paquet. Hormis ce détail, tout est monté avec des bouts de ficelle. Le Front national, c'est artisanal, si ce n'est les vigiles. J'aurai l'occasion de le vérifier. En une journée, j'accède directement à la candidate, simplement parce que j'ai été sympathique. Les cadres du parti sont peu nombreux et les journalistes qui discutent chaleureusement avec eux se comptent sur les doigts d'une main. Du coup, lorsque l'on montre un brin d'humanité, ça va vite.

Ce samedi 3 septembre, j'accours à la rentrée politique de Marine Le Pen comme si je jouais ma vie. Peut-être ma mort. Départ de Paris le matin même, en autocar, à 7 heures. Rendez-vous devant le Palais des Congrès. Direction Brachay, à quelques encablures de Colombey-les-Deux-Églises. Iconoclaste. Depuis plusieurs mois, j'envoie des mails, des

SMS à Alain Vizier, le directeur de la communication du Front national, juste pour flairer. Aucune réponse, silence radio. En fouillant sur les informations numériques du Front, je trouve un autre nom, Alex Frederiksen. Il m'accrédite la veille de l'événement, me demande mon numéro de carte de presse, je n'en ai pas. Sans le savoir, je viens de marquer un point. Le FN, ça déteste les journalistes.

6 h 30. J'ai une demi-heure d'avance. Ni repère, ni drapeau tricolore, ni logo, ni flamme. Le Front passe incognito. Une dizaine de personnes conversent en fumant. Ici, la cigarette, c'est essentiel. Tout le monde fume. Ceux qui ne le font pas manquent les secrets d'alcôve qui se murmurent entre les membres du bataillon, à l'extérieur des salles de meeting.

Je tape Alain Vizier sur mon iPhone, regarde la photo. C'est bien lui, planté face à moi. Cheveux grisonnants, barbe de trois jours, lunettes, vêtements soignés, physionomie savamment agencée d'un homme invisible.

— *Bonjour, je suis Gaël Tchakaloff.*

— *Oui, oui, je sais, je vous ai vue à la télé* (souffle presque exaspéré). *Difficile de faire autrement au printemps dernier.*

Sécheresse absolue, ça commence fort. Quelques journalistes pointent leur nez, la majorité d'entre eux se place au fond du bus. Le Front national, c'est sale. Je m'installe sur le siège situé juste derrière celui d'Alain Vizier. Pendant le trajet – quatre heures aller, quatre heures retour –, je fais celle qui prend des notes et, de temps en temps, me penche vers lui pour lui poser je ne sais quelle question. Alain semble presque désorienté que je le regarde sans dégoût. Le bus est inondé par la presse étrangère. À une journaliste de *La Repubblica*, je dis :

— *Mais que faites-vous là ?*

— *Je suis Marine Le Pen, c'est votre prochaine présidente de la République.*

Mêmes échos chez ses confrères, venus des quatre coins de la planète.

Les Français n'en sont pas encore là.

Arrêt à mi-chemin sur une aire d'autoroute. Cigarette avec Alain Vizier, Wallerand de Saint-Just[1] nous rejoint. Si je ne savais pas pour qui ils votent, je les inviterais bien à boire un verre chez moi. Le reste du trajet est barbant à souhait. Ambiance tendue, électricité dans l'air. Immanquablement, avec un troupeau de journalistes venus faire leur marché à charge, l'escadron du FN ne saute pas de joie. Entre les médias et Marine, l'amour n'a jamais été au rendez-vous. J'aborde cette question avec elle, un soir, tandis que nous discutons, autour d'un apéritif. *Les journalistes sont pour la plupart des militants politiques qui ne cherchent pas à dire la réalité de ce que je suis. Ce n'est pas leur taf. Leur taf, c'est de prendre tous les angles qui peuvent être vulnérants, c'est de chercher le mot qui tue. C'est de mettre en*

1. Avocat, trésorier national du Front national.

exergue l'idée que le Front national d'aujourd'hui ressemble à celui d'hier. Tout ce qui peut laisser penser qu'il est différent de celui d'hier est atténué, écrasé. C'est dommage, parce que j'aime bien discuter avec les journalistes, mais l'échange objectif, je ne le retrouve qu'avec ceux qui ont de la bouteille, l'ancienne génération. Parmi les journalistes actuels, il y a toujours une petite bande qui prend la main et diffuse aux autres. C'est souvent le trio AFP, Le Monde, Libération. *Ça peut être* L'Express, *parfois. Ils fonctionnent en groupe, ils ont des relais importants qui reprennent leurs analyses. Leur axe consiste à coller au Front national la terminologie d'extrême droite et faire taire tout ce qui peut attraire au changement du mouvement.*

Suite du voyage. Dans mes écouteurs, Frank Zappa meuble l'espace. Petite provocation intérieure. J'éteins régulièrement la musique, fais un brin de conversation à Alain Vizier, me surprends même à le tenir par l'épaule. Lorsque nous parvenons à la destination finale, il me glisse, *restez avec moi, suivez-moi*. Nous marchons devant, laissons les médias emprunter un chemin différent pour gagner le lieu du meeting. Barrages de sécurité, fouille, oreillettes. C'est Alain qui m'installe au premier rang. C'est Alain, aussi, qui me fera pénétrer dans la tente sécurisée où se trouve la candidate, après la réunion publique, tandis que 99 % des journalistes piétinent à l'extérieur. Marie Guichoux[1], tenue à

1. Grand reporter au service politique de *L'Obs*.

l'écart, lance à Vizier, *faites gaffe, Tchakaloff va vous draguer, c'est sa méthode !* Ce ne sera pas nécessaire.

À l'heure du déjeuner, je n'ai plus de batterie, demande à un officier de sécurité de me prêter son chargeur, lui remets mon portable branché pendant que je papillonne. Je veux montrer combien je leur fais confiance. Une confiance telle que je leur laisse mon téléphone. Franchir les limites, la ligne jaune, toujours.

Repérage de Thierry Légier[1]. Il était le garde du corps de Jean-Marie Le Pen pendant vingt ans avant d'être celui de sa fille. Grand chauve, baraqué, physique de l'emploi. Nous plaisantons ensemble, quelques instants. Échangeons nos coordonnées. Tandis que nous nous apprêtons à partir, il fixe le cordon rouge que je porte au poignet, celui que j'ai rapporté de Jérusalem.

— *Vous êtes juive ?*

Au cas où je l'aurais oublié, sa question me rappelle l'univers dans lequel je barbote.

1. En février 2017, il sera placé en garde à vue dans le cadre de l'affaire des supposés emplois fictifs au Parlement européen.

Déjeuner

La défaite l'a tant marquée qu'elle mélange même les jours de ses rendez-vous, elle qui est traditionnellement si organisée. Nous avions prévu de déjeuner ensemble ce 21 décembre, elle avait oublié, jusqu'à ce que je le lui rappelle, le matin même. Elle est si délicate qu'elle est venue quand même, avec ses traits fins, sa voix qui doute et sa grosse grippe.

Deux jus de carottes, nous sommes attablées à La Grande Armée. Le nom du restaurant doit tout au hasard.

C'est drôle, l'après. Il n'y a plus aucun bruit, comme lorsque l'on marche dans la neige. Nous entendons juste nos pas, le son des autres a disparu. Ressemblons à deux oisillons posés sur une branche, hagards, égarés. Un instant, les yeux dans le vague, elle rappelle, *entre les deux tours, il n'y avait plus que vous et moi pour y croire*. Nous ne savons pas encore que deux mois plus tard, nous allons recommencer à « y croire »…

Comme tant d'autres, le soir du premier tour de la primaire, je me doutais que c'était plié, mais je ne voulais pas le lui dire. Isabelle, on craint toujours de la casser, tant elle manifeste aux autres l'attention profonde, sensible, des esprits cristallins. J'ai envie de la serrer dans mes bras. J'ai vu, j'ai su, combien elle portait Alain, combien elle accusait le coup, combien tout cela avait été difficile pour elle. Entre deux bouchées de tartare, elle dit, *je suis sans doute la plus bouleversée dans cette affaire.* Je comprends ce que cela signifie : plus que lui, Alain, qui donne le change parce qu'il connaît la musique.

J'aurais bien voulu être à côté d'Isabelle, tout le temps, pendant cet étripage. Je ne pouvais pas. Je devais continuer à suivre les autres candidats. Alors, je ne suis pas venue aux rassemblements juppéistes de l'entre-deux-tours, elle m'y attendait. Je m'en veux tellement. Parce qu'entre nous, il y a une confiance, une histoire, un langage, une compréhension commune d'Alain, un je-ne-sais-quoi qui ne fait qu'un. Il y a aussi nos mots, nos échanges, par téléphone, le jour, le soir, avant, après les meetings, les débats télévisés de la primaire, et même tard dans la nuit, à la suite du premier tour. Tout cela forme un grand ensemble d'idées, d'affect qui nous réunit, sans y apposer un nom, une appellation contrôlée. Simplement nous avons vu, nous avons partagé, nous avons assisté au déroulé d'une aventure, depuis le début. Et cette aventure, nous la décrivions, nous la percevions de la même manière, croisant nos points de vue sur le match qui avançait sous nos yeux. Bien qu'elle en sache tellement plus que moi.

Le plat est servi. Peu à peu, nous allons tout nous dire. Ce que nous pensons des raisons de l'échec, du comportement des uns et des autres. Ce dernier élément restera entre nous. C'est notre secret. Le pourquoi *il a perdu*, nous y passons l'essentiel du déjeuner. Et finalement, nous tombons d'accord. Nous nous sommes tant parlé depuis quelques semaines que nous avons peut-être déteint l'une sur l'autre, je ne sais pas.

Somme toute, quand on se plante dans la vie, il y a toujours deux interprétations, deux responsables possibles : soi ou les autres. Et bien là, c'est un savant mélange des deux. Du côté des autres, il y a les médias, qui ont monté de toutes pièces un duel Sarkozy-Juppé, dont on a découvert après coup qu'il ne correspondait pas à la réalité ou qu'il avait contribué à la déformer. En d'autres termes, trop de Nicolas-Alain imposé aux Français a tué les deux, pendant que François Fillon s'imposait comme la victime d'un bûcher médiatique. Du côté des autres, il y a également le professionnalisme du camp Fillon, armé jusqu'aux dents pour récupérer les oripeaux de la bataille sur François Bayrou, autant que des attaques sur « Ali Juppé », qui apportaient du grain à moudre au positionnement de plus en plus conservateur, rigide et catholique du candidat Fillon. En face, un électorat attendait, gourmand, candide… Désopilant quand on connaît la suite.

Enfin, et c'est l'essentiel, il y a le tempérament d'Alain, qui n'a pas écouté, qui n'a pas su s'entourer comme il le fallait, qui n'a pas su sortir de lui-même, qui n'a pas voulu se travestir pour l'emporter. Au mois de septembre, lorsque Isabelle et quelques proches, conscients du risque qu'induisaient les débats télévisés, lui ont conseillé de se faire « coacher », Alain a dit non. Définitivement. Il ne voulait pas manger de ce pain-là, refusant de se transformer en candidat de la communication politique, qu'il méprise depuis toujours.

Nous savions tous qu'il n'était pas fait pour jouer à l'escrime des mots et des postures jetées à l'emporte-pièce du grand public. Nous savions tous qu'il ne saurait pas tourner à quatre cents mots de vocabulaire « coups de poing », là où son langage habituel avoisine les trois mille, dans la dentelle de concepts peu audibles en une poignée de minutes télévisuelles. La suite de l'histoire l'a démontré.

La conjoncture a décuplé les faiblesses d'Alain. Il entendait dire de toutes parts qu'il serait le vainqueur depuis si longtemps, qu'il a fini un peu par y croire, sans remettre en cause ni ce à quoi il croyait, ni son positionnement politique, ni rien d'autre d'ailleurs. Il ne voulait pas voir que l'essentiel de son entourage ne le contrait pas, ne le plaçait pas en situation de doute, d'interrogation, alors que chacun était témoin de la montée du candidat Fillon depuis la fin du mois d'octobre. Une autre lecture consisterait à affirmer qu'Alain n'a pas recruté suffisamment de profils opposés au sien. Elle est juste.

Il n'entrevoyait pas ou ne corrigeait pas les impairs, les imperfections de certains membres de son équipe, chacun s'exprimant dans les médias sans élément de langage, y compris dans l'entre-deux-tours. Résultat, le candidat est monté au créneau pour mordre son adversaire, tandis que seul son cercle proche aurait dû le faire, afin de lui éviter d'être pris pour cible. Même le b.a.-ba de la politique n'a pas été respecté.

Si les mots qu'il a prononcés dans l'entre-deux-tours peuvent se discuter, ils n'expliquent pas sa défaite. Tout s'est joué avant.

Voilà, nous nous sommes tout dit Isabelle et moi. Beaucoup de choses que certains savent déjà. Beaucoup d'autres que je ne peux pas écrire, je ne veux pas égratigner, ce n'est pas à moi de le faire. Nous avions seulement besoin de tout poser là, entre nos quatre coudes, sur la table.

Le café refroidit. Isabelle m'explique retrouver sa fille Clara, de retour du Québec, le lendemain de notre déjeuner. Je dis, *il faut retricoter une vie dans laquelle vous existerez en plein, pas en demi-creux, en vous effaçant devant Alain.* J'aimerais qu'elle s'impose, j'aimerais qu'elle écrive ce qu'elle est, ce qu'elle voit, qu'elle sorte de l'ombre. Elle répond, *je verrai, je ne suis pas prête, je ne vois pas le reste, que faire après... Pour le moment.*

Nous nous quittons là-dessus, le cœur lourd. Dans la rue, je traverse en lui tenant le bras, la maintiens contre moi, serre sa silhouette gracile de fée clochette à laquelle on aurait coupé les ailes. Elle marche quelques mètres, se retourne, m'envoie un signe d'une main hésitante, le reste du corps paraît s'effondrer.

À chacune de nos entrevues, Isabelle me retourne. Parce qu'elle abandonne tout d'elle, ouvrant grand les artères de son âme, comme pour signaler, *je vous donne mon sang, prenez-le*.

Aujourd'hui, c'est pire qu'à l'accoutumée.

Nous ignorons que tout est encore possible.

Rire

Conserver la légèreté. Tenir la campagne dans le tambour d'une machine à laver.

Mon *swag* à moi. J'ai rangé mon armoire. À droite, les vêtements que je n'utilise plus, tailleur-pantalon bleu marine, chemise blanche, par-dessus couleur des murs, déguisements pour les candidats à la primaire de la droite et du centre. Au milieu, t-shirts imprimés *No sex* ou *Fuck*, vestes noires ajustées, jeans moulants, bottines à talons. Le style Macron. À gauche, recyclage des torchons de week-end. Tennis usées, baggy, sweats à capuche, vareuse, bonjour Mélenchon. Parfois, pour tester les uns et les autres, j'inverse. Phénoménale, la tête des équipes de Jean-Luc lorsque j'ai endossé les habits de droite lors du meeting de Tourcoing[1]. *Dis donc, il est luxe ton manteau, tu l'as eu où, vas-y montre, toi t'as le temps de faire les boutiques*, rires sous cape, persiflages. J'ouvre grand les yeux, détaille la salle. Ah

1. 8 janvier 2017.

oui, compris, je ne recommencerai plus. Croisement surréaliste. Babaland, dreadlocks, chemises *made in* Katmandou, femmes voilées, jeunes, vieux, bébés, *hipsters*, travailleurs. Pas de doute, le type du casting a exporté Cédric Klapisch, Jean-Pierre Mocky et Céline Sciamma dans un remake des *Misérables*.

Café Dalou, place de la Nation, quelques semaines plus tôt. Je découvre la galaxie des « Insoumis », ressort des deux heures avec Alexis Corbière[1] totalement conquise. La troupe a lâché l'élastique, pas l'intelligence. Traces de café-crème sur son bouc, chemise froissée, chaleur communicative, le professeur d'histoire en lycée professionnel raisonne vite, ample, dense. Qui plus est, il s'avère drôle à crever.

Montreuil, un peu plus tard, même ambiance, négociation de l'immersion auprès de son cador avec Juliette Prados. Cigarettes écrasées, ongles sales, jambon de parme transpirant, Bar du marché, grosse détente. C'est réglé. Comme dirait Jean-Luc, ils sont sympas, « les gens ».

Dictionnaire pour les Nuls de son vocabulaire. Il a des tocs sur les mots, les idées, les thèmes. Ça tourne en boucle. Son préféré, « les gens ». Sur l'estrade, ça donne, *vous le savez, les gens ; vous me comprenez, les gens ; demandez-vous, les gens ; vous connaissez le but, les gens ; arrêtez d'opposer X et Y, les gens*. Quelques variantes, avec « mes petits » pour

1. Porte-parole de Jean-Luc Mélenchon.

parler aux jeunes, « camarades » ou « les amis ». Et puis il y a l'argot. Maîtrise extraordinaire d'expressions que l'on entend plus depuis Édith Piaf, allant de « c'est balot » ou « chercher des pouilles » au langage familier usuel, remarquable parce que surutilisé, « gamins », « mômes », « toubib », incessamment. Quelques autres signatures. Marine s'appelle « LA Madame Le Pen », les réunions publiques de dernière minute sont renommées des « déboulés », « la gauche » est prononcé avec l'accent du Sud, « la gôôôôache ». Acclamations. Ils adorent sa gouaille, les gens.

Rire et chansons peut aller se coucher, Jean-Luc, c'est *The Full Monty* au carré. Humour en remix, il envoie une grande orientation et bim, juste après, déclenche un sketch, un colibet, un numéro de *seul en scène* qui pourrait faire ringard, mais non, pas du tout. Parce qu'il est dedans, à fond la caisse, fait tournoyer ses mains, utilise tout le temps son index pointé, replie ses doigts, les pose autour de son bassin, les ressort, comme des marionnettes, sillonne la scène dans tous les sens, tel un chien qui marquerait son territoire.

À Florange, il entame son laïus par, *il fait moins quinze degrés ressentis, les gens* (nous sommes dehors), *il en faut de la détermination, déjà que vous vous privez du spectacle magnifique de la primaire citoyenne à la télé*[1]. Il déballe tout, Jean-Luc. *Mao n'a pas été*

1. La réunion de Florange a lieu le soir du troisième débat de la primaire citoyenne de la gauche.

un ami de camping du général de Gaulle, les gens ; Trump dit que l'entreprise, c'est un truc pour le gouvernement allemand, il a lu mon bouquin, ma parole ! ; lève les bras vers le ciel en imitant les politiques impuissants et d'un ton lascif balance, *on peuuuuut pas faire autremeeeent !* ; raille ceux qui méprisent les apprentis, *tu veux leur donner une banane pour qu'ils appuient sur les boutons, aussi ?* C'est énorme. Il pourrait se recaser au *Jamel Comedy Club.*

Mon passage préféré, celui sur François Fillon. Jean-Luc se replie, concentré, recueilli comme au confessionnal, *ils se sont mis à plusieurs pour trouver une idée, ils ont consulté, ils ont mis des jours pour nous sortir un truc qui existe depuis le début de l'enseignement professionnel. Les gens, tout son plan d'apprentissage, il faut qu'il fasse comme avec la sécurité sociale, il remballe, il plie, il retourne réfléchir avec ses petits copains. Attendez, je veux terminer de lui tailler un costard, parce que lui, quand il s'intéresse aux petits salariés, il prend un air très inspiré.* Jean-Luc mime la tête de Fillon, enchaîne *La Madame Le Pen, elle veut pas payer les études des enfants étrangers, mais c'est bêêêête ! C'est comme ne pas soigner les étrangers, moi je dis, y'a plus qu'à prévenir les microbes qu'ils restent sur les Français.* L'assemblée se tire-bouchonne.

Il les emballe, les gens. *Le premier média, c'est nous ; bon, voilà le travail qu'ON a à faire ; c'est NOTRE travail commun* ou en parlant de la présidentielle, *c'est ça, NOTRE affaire.* Ça joue collectif en diable là-dedans. Et même davantage. Les gens,

Jean-Luc leur laisse croire qu'il est comme eux, ce qui n'est pas tout à fait exact. *Nous, on n'a pas fait d'études, alors on comprend rien face aux puissants* ; *moi aussi, par moments, je comprends rien ; l'ambition est socialement marquée. Mes parents, quand j'ai eu le bac, je leur ai dit : je fais quoi maintenant ? Ils ont répondu, c'est toi qui sais, c'est toi qui as le bac*. Ces gens-là savent-ils que le candidat a une licence en philosophie ?

Sniffer l'opium du peuple à plein nez. La bande-son défile, « Antisocial », « On avance on avance on avance », « Comment ne pas perdre la tête », « y a du soleil ». Les équipes chauffent le public avant l'arrivée du tonton flingueur, étalent le succès de sa chaîne Youtube, font l'aumône, *en sortant, il y a une quête pour nous aider*. Jean-Luc entame toujours ses allocutions dehors, sur une petite estrade, puis rentre, en une ou plusieurs fois. Il arrive qu'il fasse escale entre l'extérieur et la salle, dans le foyer. Sur scène, systématiquement, la reproduction d'un café, tables, chaises, bouteilles d'eau, une trentaine de personnes, assises derrière lui, font mine de pérorer. Au fond du plateau, affichage de son logo, la lettre grecque *Phi*. Puis succession de grands *power point* en majuscules, aux couleurs criardes. Il faut leur expliquer clairement aux gens. Jean-Luc est un bon professeur, un peu timbré, mais il sait y faire. Ses concepts se déclinent au présent de l'affectif. Traduction, il coule les sujets rationnels dans des locutions émotionnelles, *je suis chagrin de*, *je ne résiste pas au plaisir de, vous devez avoir peur de…* Ça passe crème, comme on disait, dans le temps.

Replay sur les marottes. Lycées professionnels, abrogation de la loi El Khomri et du travail le dimanche, sortie de l'OTAN, alliance avec la Russie, économie de la mer, écologie, sortie du nucléaire, énergies renouvelables, exposé sur l'anthropocène, protectionnisme, *c'est pas un repli nationaliste, c'est vivre avec les autres de manière organisée. Les gens, quand vous allez voir Trump à la télé, vous allez réfléchir, il veut nous chercher des pouilles, nous monter les uns contre les autres.*

Karl Marx, fragments amoureux. Les pauvres contre les riches, les ouvriers contre les grands patrons, les illettrés contre les érudits, le peuple contre le politique, la finance, l'économie, la relocalisation contre la mondialisation. Ça vaut le détour. *Je ne fais pas du Zola, c'est la vie qui fait du Zola ; être milliardaire, c'est immoral, il n'y a pas de vertu à accumuler… Nous sommes l'un des pays d'Europe où il y a le plus de milliardaires et, comme par hasard, c'est là qu'il y a les plus pauvres aussi. Si vous comprenez pas, les gens, il faut retourner à l'école faire des multiplications et des divisions ; l'argent circule dans le monde sans aucun rapport avec la production réelle. C'est le progrès social qui entraîne le progrès économique, c'est le progrès écologique qui entraîne l'avenir économique ; avec moi, l'impôt sera indexé sur la nationalité, M. Mulliez pourra bien aller en enfer, il paiera quand même ; 3 % des gens interviewés à la télé sont des ouvriers, plus de 60 %, des cadres ; l'histoire de France, nous la devons aux petites gens, ils ne sont cités que pour dire qu'ils sont responsables de la montée du Front national. La réalité, c'est que 60 % d'entre eux ne votent pas, je viens leur dire, sortez du trou ! ; depuis quand travailler beaucoup est un gage de réussite ? Vous voulez être bulgares ou roumains ? Ce sont eux qui travaillent le plus en Europe ; le seul moyen pour changer les choses, c'est que vous ayez peur ; le problème, il a un nom et une adresse, c'est le banquier.*

Quand il s'empare de l'une de ses questions fétiches, il a les nerfs en boule, jette furieusement ses fiches, les reprend, sollicite la salle. Une femme se lève, *Alors, camarade, je le fais avec toi !* L'interaction recommence, *j'en étais où déjà ?*, il raconte une blague, *arrêtez, les gens, d'opposer l'enseignement professionnel à l'enseignement éthéré... La musique, c'est pareil, on a commencé par faire des trous dans des roseaux, je me demande toujours comment on a trouvé la cornemuse.* Hilarité générale.

Aussi surprenant que cela puisse paraître, le numéro est assez plaisant. La fin, plus que tout. Jean-Luc récite chaque fois un poème ou une chanson. À Florange, c'était « Les mains d'or », déclamé devant un casque de métallurgie que lui avaient offert les syndicalistes. Émouvant.

La Marseillaise chantée poing gauche levé et, la plupart du temps, *L'Internationale* dans la foulée, ce qui semble ne pas totalement réjouir le candidat. Là, il ne chante plus, sort de scène, tout blanc, vidé.

On le serait à moins. C'est à ce moment précis qu'il faut lui parler. Quand il ne reste plus rien de lui, quand il est en roue libre. Évidemment, ces instants-là, j'ai tenté d'en abuser.

Renaître

Ma chère Gaël, merci pour ton message mais en fait, nous ne sommes pas trop dans cette optique, à la fois pour la campagne et pour le candidat. Je te présente toutes mes excuses et mes regrets. Je suis sûr que tu as récupéré plein de bons éléments et que tu en as fait ton miel. Je t'embrasse et à très vite, de toute façon.

Ce SMS est signé par Jérôme Chartier[1], bras droit de François Fillon. Je l'ai reçu le 15 décembre 2016. Depuis le mois d'août, je suivais les meetings de son candidat, ayant négocié avec les équipes une série d'entretiens en tête à tête avec leur apôtre, dès le mois de novembre. Ceci n'est jamais advenu, malgré les engagements pris de part et d'autre.

Jérôme partageant la vie de mon amie Virginie Calmels[2], a-t-il su ce que je pensais de son candidat ?

1. Conseiller spécial de François Fillon, député et premier vice-président de la Région Île-de-France.

2. Première adjointe au maire de Bordeaux, membre du comité politique représentant Alain Juppé et membre du pôle société civile dans l'équipe de campagne de François Fillon après la primaire de la droite et du centre.

Virginie lui a-t-elle fait état de mes réflexions ? Je ne crois pas. Sans doute ai-je été trahie par mon regard, lors des différentes réunions publiques. Les troupes de François Fillon auraient, semble-t-il, jugé que je n'étais pas *digne de confiance*.

Avec la distance, leur refus de me laisser suivre François Fillon en étant *embedded* contre lui, m'a autant affranchie que réjouie. Il me permet d'écrire absolument ce que je pense, chose que je me serais moins autorisée sachant Virginie et Jérôme embarqués dans cette équipée sauvage.

Virginie, Jérôme, en dépit de ce que vous allez lire, ne m'en tenez pas rigueur. Cela n'enlève rien à l'amitié qui nous lie, vous le savez.

*

Comme je me suis moquée, vilaine. Comme j'ai ri, méchante sorcière que je suis. Je ne prévoyais pas le grand chamboulement.

Éclosion d'une star. Sablé-sur-Sarthe, 28 août 2016.

Je me jette sur la rentrée politique de François Fillon comme on se jette sous un train. Suicide en direct. Le type a construit une usine à gaz, tendance stage aux Glénans organisé par Le Club Méditerranée. Des gens, partout, des journalistes à tire-larigot.

Nous avons tous reçu quantité de mails indiquant la date, le lieu, la couleur des bracelets, le placement, la météo, la tenue, *n'hésitez pas à vous munir de chapeaux*. Nous sommes tous invités, chose rare, billets de train, trajet, déjeuner, pris en charge par le nouveau GO de la place, Mister *FF 2017*. En découvrant ce cirque, je me dis, *ça ne peut pas marcher, lui, il est foutu*. Pourquoi ? Il suffit de zyeuter deux minutes le public pour saisir que l'on est en plein Karl Marx, tendance mélenchoniste inversée.

Apogée de la lutte des classes, découpage à la scie sauteuse des profils par un institut de sondage. Ils sont tous habillés pareil, les gens. Pantalon beige, veste bleu marine, chemise bleu pâle, mocassins Tod's, chapeaux de paille distingués. Caricature Le Quesnoy, orangeade pour le goûter. Ça me change du meeting de rentrée d'Alain Juppé à Chatou, la veille, où le melting-pot s'était emparé de chapeaux en plastique rouges siglés *AJ 2017*, d'un goût au-delà du douteux. Relecture de mes notes, *Juppé, Sarkozy et Fillon se sont réparti les catégories. Au premier, les blacks-blancs-beurs, au deuxième, le GUD, au dernier, les rallyes.*

À Sablé, ils sont tous éduqués pareil, les gens. Sourire avenant, on fait des baisemains aux dames, on leur tient la porte, on tient aussi ses couverts correctement. Ah ! Les couverts, le déjeuner sur l'herbe, un grand moment. Le meeting de Sablé a lieu dans une grande clairière, style prairie tondue la veille pour un match de cricket, si ce n'est pour le tournage d'une série américaine sur les condominiums. L'herbe, on peut la lécher. C'est propre, propre, propre. De grandes tables, très longues, en rang d'oignon, chacune pouvant recevoir une centaine de personnes. Des nappes blanches, des poulets grillés, tout y est. Le chèque a dû être béton. *Le Banquet* a quitté Platon, coincé entre le prix de Diane et la remise d'un trophée au golf de Saint-Nom-la-Bretèche. Dans l'assistance, hormis les journalistes, patrons du CAC 40 en vadrouille, familles semblant tout droit issues de Saint-Nicolas du Chardonnet, politiques encartés aux Républicains, ex-UMP, ex-RPR, depuis l'âge de cinq ans. Avant, ils étaient chez les scouts, j'imagine. Du beau linge. Même avec mes chaussures à talons et ma robe fleurie, j'ai l'air de sortir du ruisseau. Sous la tente de presse, je découpe ma cuisse de poulet en compagnie d'Anne Méaux[1], *la grande prêtresse de la grande communication des grands patrons*. À côté de moi aussi, Bruno Jeudy, rédacteur en chef politique chez *Paris Match*, dont je m'amuse à clamer haut et fort qu'il est mon mari. Autant dire qu'ici, ma blague fait un bide colossal. On se marre quand même, parce qu'il y en a un qui assume son costume de clown. Xavier Couture[2] est accroché au bras

1. Présidente d'Image 7. À cette époque en charge de la stratégie de communication de François Fillon.

2. Directeur de la stratégie et des programmes de France Télévisions.

d'Anne Méaux. Pas encore nommé à France Télévisions, il est en roue libre, séducteur jusqu'à la moelle. *Savez-vous que Macron et Montebourg se parlent tous les jours ? Ils ont passé un pacte !,* balance-t-il à l'aréopage médiatique, pantois.

Discours sur scène, Jérôme Chartier, Valérie Boyer[1], Bruno Retailleau[2] et plusieurs autres. Je ne retiens pas les noms, n'adhérant que très moyennement au scénario. Gérard Larcher[3] annonce accorder son parrainage au candidat. Chacun se plaint d'une confiscation de la primaire par les médias, qui organiseraient de manière factice un duo Juppé/Sarkozy, déconnecté de la réalité. Sans blague ? Allocution du candidat, pétaradante. Trop vieux pour être le gendre idéal, il s'impose comme le beau-père idéal. C'est déjà pas mal. Travail, famille, patrie, les écoles privées, les uniformes pour les bambins, les tacles adressés à ses adversaires sur les mises en examen. Pendant ce temps, Penelope le regarde, assise au premier rang, sans bouger. Ni applaudissement ni aucun mouvement révélant qu'elle n'est pas une poupée de cire. Je ne peux pas m'empêcher de penser à ces femmes qui n'ont jamais pris la pilule, corps, âmes, cœurs lessivés, annihilés par les grossesses.

---

1. Alors porte-parole de François Fillon, députée des Bouches-du-Rhône.
2. Président du groupe Les Républicains au Sénat.
3. Président du Sénat.

Militants bien rangés, bien élevés, scandant régulièrement, *oui, bravo !* Attention, une rayure sur la carrosserie. Une femme crie *tous dehors !*, lorsque le candidat nomme Rafsandjani[1]. Deuxième entorse à la bien-pensance, *Taubira en prison !*, scandé par un homme tandis que François Fillon évoque l'ancienne garde des Sceaux. Un autre élément m'interpelle. Ayant suivi la même semaine les meetings de Nicolas Sarkozy et d'Alain Juppé, ici, aucune émotion ne transpire, à la différence des deux autres.

Sur scène, François Fillon est en pleine forme. Dans la réalité, il l'est un peu moins. Au tapis dans les sondages, j'ai de la peine pour lui. Le pauvre, se donner tant de mal pour rien. Il a la meilleure équipe, emmenée par Patrick Stefanini[2], grand manitou des campagnes de Jacques Chirac. Apparatchik d'un abord frisquet, il m'indique, sous sa casquette bleu marine, *oui, oui, je vous verrai, mais tôt le matin car moi, j'ai du travail.* En politique, il ne faut pas avoir l'émotion à fleur de peau. Si bien que je garde tout au fond de ma gorge ma réponse, *évidemment, mon brave, alors que moi, je me fais les ongles.* Stefanini, beaucoup l'aiment, l'adulent, c'est « un pro ». Il a tout de même un petit côté parade militaire assez irritant. Rien ne déborde du cadre.

J'assiste à ce barnum de la moyenne bourgeoisie, assurée qu'ils vont se planter dans les grandes lar-

1. Ancien président de l'Iran.
2. Ex-directeur de campagne de François Fillon.

geurs. Ce n'est pas cela la France, on se réveille, les gars. Voilà les quelques annotations qui figurent dans mon cahier. J'ai du nez. Mais pas au bon endroit.

Un détail aurait dû attirer mon attention, ou peut-être deux. D'abord, le nombre de participants (près de trois mille) et l'organisation incroyablement huilée. Plus que tout, ce mot échangé avec Anne Méaux, après le déjeuner, tandis que François Fillon s'apprête à faire un point presse avec les médias. Je murmure à Anne, — *Tiens, je vais me faire remarquer par ton candidat. Sur quoi me conseilles-tu de l'interroger ? — Demande-lui après quoi il court et pourquoi son éducation et son tempérament laissent penser qu'il n'est pas déterminé*. Ne percevant pas la manipulation, je pose mes questions. Devant tous les journalistes, l'icône du jour aura donc l'occasion de démontrer sa ténacité, son opiniâtreté, s'emparant déjà de l'image *droit dans mes bottes, j'irai jusqu'au bout*, volée à Alain Juppé.

Adolescence d'une star. Cirque d'hiver de Paris, 21 septembre 2016.

Salle peu remplie. En arrivant, Michèle Cotta me chuchote à l'oreille, *je me mets à côté de toi, au premier rang, il faut que je puisse partir si Chirac meurt.* Dix minutes plus tard, Anne Méaux s'installe contre nous, jette un œil à la liste des intervenants, *oh là là, c'est rasoir, il y a des années, j'adorais, mais maintenant, ça m'ennuie tellement !* Muriel Reus[1] me présente Penelope F. J'expose mon projet de livre à la femme du candidat. Elle prend l'air accablé, un masque de glace recouvrant son visage, comme si elle avait été anesthésiée, sous antidépresseurs ou sous électrochocs, je ne sais pas. Suite et fin.

Sur scène, François Fillon figé, serré, marche de long en large, pendant que Patrick Stefanini surveille son numéro, derrière le rideau. *La vie, c'est un compromis, il faut faire des compromis.* Je note la phrase, assortie d'un commentaire, *Hollande de droite ?*

Solitude d'une star. Palm Beach de Cannes, 28 octobre 2016.

J'y suis allée par hasard, suivant Alain Juppé à Toulon et Marseille, quelques heures plus tôt. Retrouve François Fillon et son attachée de presse, Caroline Morard, à la Fnac de Cannes. Signature du livre que le candidat consacre au fondamentalisme islamique[2]. Au passage, j'aurais dû comprendre quel positionnement il était sur le point d'adopter, au regard du sujet de son ouvrage. Au lieu de cela, je m'apitoie sur son sort, discute de *son excellente prestation* dans *L'Émission politique* la veille, aux

1. Alors en charge des « Femmes avec Fillon ».

2. *Vaincre le totalitarisme islamique*, Albin Michel, septembre 2016.

dires de Caroline. Oui, il a été bon, donnant le sentiment d'une détermination sans faille. Sa nouvelle posture s'impose. Dr House vous soigne de manière radicale, bien qu'il ne dégage aucune empathie. Anachronique, avec la distance.

Il termine les dédicaces, rabroue Caroline, qui ne lui a pas apporté son Coca light dans les temps, accorde une dizaine de minutes à deux journalistes, rejoint le Palm Beach, où se tient la réunion publique. J'arrive avant lui. Joli petit décor désincarné, qui ne correspond en rien à l'atmosphère d'un meeting. Chaises blanches recouvertes de velours rouge, lumière bleutée, salle à moitié vide, à quinze minutes du démarrage. Coup de chance, elle se remplit le temps qu'il débute son laïus. Élus locaux, reste de l'assemblée semblable à celui de Sablé. La tenue en moins. À Cannes, le look chaussettes blanches-mocassins noirs prédomine. Photographie d'un mariage de mauvais goût payé par des beaux-parents qui ont gagné trop d'argent, trop vite.

François Fillon débarque sur scène, allocution de qualité, bras armés pour convaincre. À la fin – tant pis, je le dis –, le type me crève le cœur. Comme toujours, je suis accroupie à même le sol, en contrebas de la scène, devant ses pieds. Je le déshabille du regard, au moment où il livre ces mots déchirants, *il me reste trois semaines, je vous en supplie, aidez-moi !* Je suis certaine qu'il va perdre, il m'arrache une larme. Il le voit, m'envoie un signe de l'œil. Ensuite, je prends mes jambes à mon cou, fuis l'échange questions-réponses avec la salle, périssant d'ennui. Je sais que je peux partir, vu que ce gars-là ne percera jamais. Grande visionnaire, Tchakaloff.

Consécration d'une star. Parc des expositions de Paris, 25 novembre 2016.

Ils sont venus, ils sont tous là, dégoulinant d'admiration pour le cador sorti en tête du premier tour de la primaire. Médias locaux, nationaux, internationaux, norvégiens, japonais, brésiliens, russes, anglais. Il y a même Al Jazeera. La droite française se tient les coudes alors qu'elle s'envoyait des gifles une semaine plus tôt. Tellement cocasse.

Sur scène, Hervé Morin – qui ne peut pas rester cinq minutes sans bavasser –, se fend la poire avec Luc Chatel[1]. Bruno Le Maire, totalement ailleurs, sonné, vient m'embrasser ; Valérie Boyer et Jérôme Chartier entrecroisent leurs mains comme frère et sœur, échangent des baisers ; Patrick Stefanini téléphone depuis l'estrade comme s'il était dans sa salle de bains ; Henri de Castries[2], genoux croisés, se tient à carreau. Au micro, un homme fait la claque façon *Roue de la fortune, est-ce que les « Femmes avec*

1. Député LR de la Haute-Marne, ancien soutien de Nicolas Sarkozy.
2. Ex-PDG d'Axa.

Fillon » sont là ce soir ? Est-ce que les « Jeunes avec Fillon » sont là ce soir ? Chaque question est répétée trois fois, comme si nous étions tous sourds. Anne Méaux dialogue avec un inconnu, *ce soir, il y a des gens de tous bords, mais est-ce qu'il y en a de chez Juppé ?* Eh bien non ma chérie, les juppéistes préparent savamment leur défaite, ai-je envie de lui souffler.

Dans l'assemblée, un monde fou, dix mille personnes annoncées, drapeaux de l'UNI dans tous les coins. Les gens sont des moutons, la nausée me gagne. Penelope F. sourit presque, au premier rang. Je m'agenouille contre l'estrade, insultée par les photographes, *toi, tu dégages, les scribouillards ça va derrière, dans le carré presse*. Ils me poussent des pieds, je ne bouge pas d'une semelle, par principe. Bande de veaux. Patrick Balkany regarde le plafond du Parc des expositions, lui inspirant je ne sais quelle réflexion qui le fait rougir. Je hèle Éric Ciotti[1], lui propose un rendez-vous, *trop tard, c'est perdu !*, me répond-il goguenard, avant de me faire un *OK* du doigt.

Les photographes ayant ravagé mes Manolo Blahnik avec leurs godillots, je me résous à rejoindre l'espace presse, croise Caroline Morard, cheveux électrisés. Elle a dû mettre les doigts dans une prise. L'attrape par le bras, *dis donc, c'est un conte de fées*

1. Député LR des Alpes-Maritimes, ancien porte-parole de Nicolas Sarkozy dans la campagne de la primaire.

votre truc, quand je pense à l'ambiance de Cannes, il y a moins d'un mois, c'est rigolo ! Nageant dans le bonheur, elle ne parvient pas à dérouler des phrases complètes, *je ne dors plus la nuit… On est passés d'une PME à une multinationale en l'espace d'une soirée… C'est complètement dingue !*

J'aimerais lui remémorer l'une de ses phrases, prononcée tandis que nous partagions un café au restaurant L'Esplanade, fin septembre. *Je déteste la politique*, m'avait-elle alors confié, compte tenu des projections de vote calamiteuses concernant son candidat. Ce soir, la politique, elle semble moins la haïr. Ça ne va pas durer.

Trente minutes avant la fin du meeting, j'en ai assez vu, plie mes affaires, m'évade, croise Nicolas Beytout devant l'entrée, venu comme chacun, assister au couronnement du roitelet.

L'air est frais, je frissonne. Cela ne doit rien à la température extérieure. Le cynisme des comédies humaines a brutalement fait chuter mon thermomètre interne.

Conduire

Tard dans la nuit, Bruno me dépose place Saint-Germain-des-Prés, à l'issue de notre aller-retour dans l'Eure. Assise sur le banc public qui jouxte la station de taxis, j'envoie un SMS à Dimitri Lucas[1] : *Il est exceptionnel ! J'en suis dingue.*

Si toutes les équipes de campagne regroupaient mes messages, il y aurait de quoi me faire interner.

Quelques heures plus tôt, je le guette en bas de chez lui. Comme à mon habitude, fais mine de téléphoner. Il pointe son nez. Par-dessus bleu marine, dans le même tissu que le costume qu'il porte en dessous, souliers flambant neufs. Il ne lui manque que *Le Figaro* en main. Dans ses bras, des viennoiseries *pour se remonter le moral.* Nous sommes au lendemain du premier débat télévisé de la primaire de la droite et du centre. Il a été mauvais, pitoyable. Un anti-lui-même. Il le sait. Sauve les apparences,

1. En charge des « relations presse » de Bruno Le Maire avant la primaire.

me sourit, naturellement joyeux, toujours urbain. *J'adore ton manteau !* En fin de soirée, ce sera, *ton sac est ravissant !* Charming.

Depuis notre première rencontre à Sète, mi-septembre, j'ai réalisé que je m'étais totalement trompée sur son compte. Comme beaucoup, je m'en étais tenue à son allure générale, physique de premier communiant, Rastignac rasoir tendance Janson-de-Sailly, *Auteuil-Neuilly-Passy c'est pas du gâteau, tel est notre ghetto*. Je me suis bien mis le doigt dans l'œil.

Il conduit à côté de moi. À l'arrière, Dimitri et deux autres membres de l'équipe tapotent sur leurs portables, appellent des journalistes. Nous roulons vers Pacy-sur-Eure. Après cinq minutes, je saisis l'atmosphère, *je n'ai pas envie de parler sérieusement. J'ai besoin de déconner*. Il est assez drôle, presque déluré, fluctuant entre blagues adolescentes et allusions semi-grivoises aux rapports hommes-femmes. Au moment d'entrer sur l'autoroute, je suis déjà partiellement conquise. Il m'en faut peu. Emportée par son doux mélange de cérébralité, de culture, d'intelligence, et cette once de fantaisie, d'abandon, de douleur perceptible dans le dialogue. Bruno va se livrer dans une profondeur que je n'ai pas souvent rencontrée avec d'autres hommes politiques.

Kilomètre 25. *La politique, ça écrase tout le reste de la vie, ça absorbe tout, ça prend tout, ça vole tout. Si je perds, j'aurai dilapidé tout ce temps, sans ma femme, sans mes enfants, en pure perte.* Pas de bol, on connaît la fin du film. Kilomètre 40. *Il y a une légèreté, une insouciance dans la conquête du pouvoir que tu n'as jamais, jamais au pouvoir. Il n'y a aucune légèreté au pouvoir. Qui que ce soit qui gagne la primaire, je ne serai jamais Premier ministre, tant j'ai exposé mes différences.* Kilomètre 50. *La politique, ça attire les névrotiques. On l'est tous. Ce n'est pas la politique qui rend névrotique, on l'est avant, on s'y retrouve. Les deux névroses les plus courantes en politique, c'est le narcissisme, évidemment, et la haine de soi. Le pouvoir, c'est la guérison de la haine de soi.* Kilomètre 55, les zigotos à l'arrière font silence, tétanisés. Ils n'osent plus dire un mot, ni jouer avec leurs portables. *Les hommes politiques, ils sont dépressifs ou alcooliques. Parce que la folie de la politique, c'est qu'il ne faut jamais voir les choses telles qu'elles sont, il faut se projeter au-delà, nier la réalité. Et, en même temps, il faut être lucide sur la réalité. C'est la dissociation permanente, le décalage entre ta réalité et ton rêve. Les deux ne coïncident jamais sauf le jour où tu es élu. C'est pour cela qu'après, ça crée la dépression.* Je le regarde, au volant de sa 508. La voilà, sa réalité. Et je sais qu'il se vit comme pouvant devenir président de la République. Le voilà, son rêve. Kilomètre 80. *Si je pouvais réécrire ma vie, j'aurais perdu moins de temps à devenir libre.* Nous arrivons à destination. Coupure pub. Dommage, je commençais à me régaler.

La nuit tombe. Il me parle de Pauline, sa femme, change de ton. Tout ce qui la concerne est abordé par la retenue, comme s'il appuyait sur la pédale douce du piano. Je lui dis que je ne suis pas Karine Le Marchand, qu'il garde tout cela pour lui, cela m'est bien égal. Il y revient, malgré tout. Je comprends le schéma du discours. Face A : moi, Bruno Le Maire, ma femme met en valeur tout ce que je n'ai pas l'air d'être. C'est une artiste, elle se couche tard. Face B : Moi, Bruno Le Maire, ma femme est un endroit de souffrance. Elle a renié sa vie en travaillant avec moi, j'ai renié son existence en faisant campagne. Je ne sais plus trop où nos routes se croisent. Traduction dans sa bouche, *Pauline a senti qu'elle était menacée, qu'il fallait qu'elle cesse de travailler avec moi, c'était une question de survie. Les choses se sont un peu rééquilibrées lorsqu'elle s'est remise à la peinture. Elle est dévorée par ce qu'elle fait. Parfois elle se lève à 3 heures du matin pour s'y mettre.* Nous y voilà.

Voiture garée. Petite réunion sans intérêt avec les élus de Pacy. Il s'assied sur les marches de l'escalier de la mairie, nous restons tous les deux, un moment. L'homme que je découvre ferait un carton aux débats télévisés s'il se montrait tel qu'en lui-même, plutôt que de vouloir se déguiser en « Bruno le renouveau », soufflé par Jérôme Grand d'Esnon, son directeur de campagne, ensuite recasé chez Emmanuel Macron. Je conseille à Bruno de noter sur une feuille les dix qualificatifs qu'on lui accole et les dix antonymes qui lui correspondent, pour les incarner, à découvert. Il a les yeux dans le vague. Quant à moi, j'ai envie de m'envoyer une paire de gifles. Tu ne travailles pas pour Bruno Le Maire, Tchakaloff.

Je les aime tous tellement, je suis si touchée par leur difficulté à être et à vivre que je transpose toujours chez chacun l'envie de l'accompagner pour gagner. Pauvre quiche.

Salle du meeting. Hervé Morin nous attend à l'extérieur, devant sa voiture. Me saute dans les bras. Je le connais depuis quinze ans, pour avoir plusieurs fois fait son portrait, partageant, parfois, des vacances avec lui. Ambiance vestiaires de rugby. Sommes en *backstage* du gymnase où se déroule le meeting. Drôle d'odeur pour une rencontre. Messes basses, préparatifs, je pénètre en même temps qu'eux dans la salle surchauffée. Allocutions des élus, discours de Bruno, climat familial, terres Le Mairistes. Il sera excellent, empathique, chaleureux, mordant. Éloquent, sans aucune note, aucun papier. Il enlève sa veste, découvre des fesses rebondies, des bracelets ethniques au poignet. Nouvelle image. Nous sommes assis en cercle autour de lui. Pour passer le temps, je dessine des cœurs sur la main d'Hervé Morin. Griffonne mon cahier. Tiens, c'est déjà fini. Mon moment culte est sur le point d'arriver.

Je sors la première, l'épie, m'octroie une cigarette, appelle mes filles, mon mari, me parfume à « Mayotte » de Guerlain, grignote un bonbon à la menthe, pour faire passer le tabac, incognito. Posé dans la voiture, Bruno me fait signe de monter. Nuit noire. J'attends trois, quatre, cinq minutes avant de lancer, *je sais que tu ne veux plus parler, je sais que tu es exténué, alors c'est moi qui vais commencer*. Fais état de mes impressions sur le meeting, les différences avec ceux des autres candidats, les lignes de force, les faiblesses. Bruno passe un coup de fil à l'un de ses conseillers, qui lui donne quelques conseils avant le deuxième débat, raccroche. Je reprends, *pour le retour, on va faire soft. Je te propose que l'on parle de la mort*. Fous rires à l'arrière. À l'avant, c'est *Les Enfants du silence*.

La mort, j'y ai été confronté, plusieurs fois. Celle de mon père, trop jeune. Celle du compagnon de ma mère, qui s'est suicidé. Alors, je veux aller au bout de la vie qu'on m'a donnée. On a une seule vie, il faut la vivre à plein, intensément. La voracité de vivre, la recherche de relations fortes, cela m'est venu après la perte de mon père, à 27 ans. Je pense qu'on vit mieux en pensant qu'il existe autre chose après, mais on vit plus intensément en pensant qu'il n'y a rien. J'oscille entre les deux. Ma spiritualité, je la trouve chez les gens, les mains, les sourires, l'humain, la création. Tout ce que l'on te transmet et qui te dépasse. Le lien entre la politique et la mort, c'est la fuite. Dans la politique, il y a une fuite, même si on ne sait pas très bien ce que l'on fuit. Conduite concentrée, ses mains circulent sensuellement sur le volant. Entre chaque phrase, il respire profondément, contemple le ciel. Déroule certaines idées, puis s'arrête, indécis, au milieu d'un raisonnement. Il est ailleurs. Et moi, gênée. Par sa difficulté de vivre, soudainement perceptible, sa vérité qui se fait jour, tout doucement. J'ai tourné mes genoux vers la gauche, contre le changement de vitesse, à moitié accroupie sur le siège pour le voir davantage. Je veux qu'il comprenne que je l'écoute pleinement.

Il n'y a plus un bruit, ni dehors ni dedans. Tandis que je n'ai rien demandé, il insiste, *la fuite, je l'ai touchée du doigt. À Futuna.* Je ne comprends pas, affiche une moue interrogative. Bruno souffle fort, longtemps. *Il y a quelques mois, j'ai passé la nuit la plus angoissante de ma vie. Après plusieurs vols, changements d'avion, j'ai atterri dans une maison napoléonienne. À Futuna, il y a deux mille cinq cents habitants et uniquement un hôtel qui n'est pas un hôtel, c'est une vieille maison tenue par un légionnaire à la retraite. J'ai dormi dans une chambre bizarre, avec un parquet en bois verni, un grand lit recouvert d'une sorte de mantille en dentelle, une Sainte Vierge multichrome au fond de la pièce, allumée toute la nuit, le souvenir napoléonien absolument partout. Tout cela dans une moiteur épouvantable. Je n'ai pas fermé l'œil de la nuit, sauf pour faire un cauchemar atroce : je sentais que là où j'étais, dans cette chambre à Futuna, perdu au fin fond du Pacifique, il n'y avait plus aucun moyen de fuir. Et dans mon rêve, j'étais une espèce de minuscule chose, assise sur un rocking-chair qui se balançait. Il n'y avait aucune issue possible.*

Allô maman, bobo.

Je tente de masquer ma stupeur face au caractère à la fois enfantin et psychanalytique de sa confidence.

Bruno se tait, agité, comme habité par une torture intérieure qui m'échappe.

Il pleut, je commente la partition des gouttes pour meubler le grand vide. Il se retourne, se redresse, fixe la route. *Moi, j'ai été musicien, j'ai fait du piano… La musique, c'est le contraire de la politique, on ne peut pas tricher. Tout le monde triche en politique.* Plus un mot jusqu'à Paris.

En atteignant le sixième arrondissement, je lui indique filer au Montana, une boîte de nuit, quasiment en bas de chez lui. *Ah, le Montana ? Je n'y suis jamais allé ! J'adorerais découvrir !* Bruno a un visage d'adolescent fasciné. Je m'interdis de lui proposer de m'accompagner.

Voilà. Je l'ai aimé. Et puis, je l'ai désaimé, Bruno. À quelques jours du premier tour de la primaire de la droite et du centre, il a téléphoné à Alain Juppé pour l'informer de sa décision de le rallier. Si ce n'est que cinq minutes après l'annonce des résultats du 20 novembre, il a officialisé son ralliement à François Fillon. Avant de claquer la porte, avec un certain panache.

Politique du grand échiquier, pions noirs et blancs interchangeables.

Frémir

J'ai fait la tournée de Rihanna. Juste une petite différence, personne ne me connaît. Une soixantaine de meetings, un chauffeur privé lorsque les réunions de plusieurs candidats se superposent. Je ne veux rien manquer, dilapide l'à-valoir que m'a donné mon éditrice dans le financement de ma course-poursuite.

À l'arrière de la voiture, j'ai étalé mes affaires de toilette, pendu mes vêtements, mis mon blouson en boule pour confectionner un oreiller. Nous nous arrêtons sur les aires d'autoroutes. Je me change, me maquille, me lave les dents dans les W.-C. publiques, entre deux rassemblements. *C'est une vie de saltimbanque, j'ai souvent la crainte de retourner au cours normal des choses.* Bruno Le Maire me souffle cette phrase un soir, juste avant le premier tour de la primaire. En ce qui me concerne, c'est déjà trop tard. Je suis totalement accro.

17 septembre. Le même week-end se déroulent les Estivales du Front national à Fréjus et la rentrée

politique de Bruno Le Maire, à Sète. Programme serré. Départ de Paris le samedi à 6 heures du matin, avion jusqu'à Nice. Réservé pour deux jours, un taxi m'achemine de Nice à Fréjus le samedi matin, puis de Fréjus à Sète, le samedi soir. Trajet inverse, Sète-Fréjus, le dimanche midi et convoi vers l'aéroport de Toulon, direction Paris, le dimanche soir. Ouf. Au passage, je perdrai mes papiers, mes vêtements, ma carte bleue, ma conscience. Suis comme un bébé qui vient de naître, collée contre le ventre des candidats, en fusion. Cela ne fait que commencer.

*

Fréjus. Marine a deux visages, comme le parti qu'elle préside.

J'ai rencontré les deux Marine, au fil du temps. Celle qui dit ce que les Français démunis ont envie d'entendre, celle qui fabrique la politique de la demande et pas celle de l'offre. Ouverte, empathique, drainant les miséreux qui votaient à gauche il y a vingt ans. Ceux qui ont brièvement basculé chez Nicolas Sarkozy en 2007, avant de la rejoindre aujourd'hui. Et j'ai vu l'autre Marine. Celle qui harangue les adhérents FN de la première heure, en déclamant un catalogue d'abjections, cadencées par les *on est chez nous* d'une foule en délire. La première Marine est celle de Brachay[1], Marine fédératrice,

1. Voir chapitre « Capturer ».

candidate à la présidence de la République, « Au nom du Peuple ». La deuxième Marine est celle des Estivales du Front national, présidente du mouvement qui porte le même nom.

Lorsque j'évoque avec elle cette dichotomie, Madame tempère, *je pense qu'un mouvement est toujours en mutation. Dans un mouvement, il y a toujours deux sensibilités qui coexistent. Le fait qu'il y ait aujourd'hui deux sensibilités au sein du Front national, Marion*[1] *et Florian*[2]*, ça n'est pas une surprise pour moi. Il en a toujours été ainsi. Ce qu'il ne faut pas, c'est que cela devienne des courants ou des écuries qui s'affrontent, d'autant que ces deux sensibilités ne sont pas contradictoires, en réalité. Elles se fondent sans difficulté dans un même projet que je porte...* Autant dire qu'elle ne revient pas sur le véritable enjeu, le canal historique du Front.

Au gré des meetings, le changement de Marine se fait jour. La femme conflictuelle, clivante, attaquante, la femme mal à l'aise, sur la sellette, aux aguets, cette femme-là a disparu. Elle a laissé la place à une « drôle de dame », épanouie, détendue, se jouant des questions qui lui sont posées, sereine, presque séduisante.

Son entourage m'affirme que sa mutation s'est opérée pendant l'été 2016. Résolution de l'œdipe,

---

1. Marion Maréchal-Le Pen. Députée FN de la troisième circonscription du Vaucluse, conseillère régionale Provence-Alpes-Côte-D'azur.

2. Florian Philippot. Député européen, vice-président du FN, conseiller régional du Grand-Est.

meurtre du père, libération ? Pas tout à fait. *Le projet d'une réconciliation avec Jean-Marie Le Pen est d'actualité. Aucune fille ne peut être pleinement heureuse en ne parlant plus à son père*, m'affirme Wallerand de Saint-Just, à Fréjus. Tiens, celui-là, il n'a pas la langue dans sa poche. Il a été le premier à me guider, *pour gagner, la question ce n'est pas Marine, c'est l'entourage*. La candidate précise, *j'ai été confrontée à un choix cornélien. Bien sûr, à un moment, je me suis dit, « j'arrête, je vais porter un autre mouvement ». Dans les deux cas, j'étais coupable. Soit j'abandonnais le Front et les millions de gens qui croient en moi, soit j'abandonnais mon père. C'est lui qui a choisi sa fin, mais c'est moi qui ai été chargée de l'exécution. Honnêtement, ce n'est pas facile, on ne dort pas bien la nuit. Désormais, au FN, il n'y a plus Le Pen, il n'y a plus cette figure tutélaire. Je gère le Front à ma manière... Vous n'imaginez pas ce que c'était à la fin. Aujourd'hui, je suis candidate à la présidentielle. Certes, le Front me soutient, mais je me sens tout à fait libre de suivre ou de ne pas suivre telle ou telle option du Front national. Je défends mon projet avec les équipes que j'ai choisies. Et je travaille avec qui je veux*. À bon entendeur, salut.

Il se trouve que la brigade de Marine est à la fois plus singulière, plus meurtrie, plus attachante et plus accueillante que celle des autres candidats. Comme des enfants battus, quand on leur fait des câlins, ils sont éperdus de reconnaissance.

« Estivales », jour 1. Tables rondes, défilé des figures du parti sur scène, conférence de presse de Marine Le Pen. Huit cents personnes, tout au plus. Jour 2, des autocars ont traversé la France. Public de cinq mille fans annoncé. Mais oui, Marine va faire un discours fleuve. On ne sera pas déçus.

David Rachline[1] ouvre le bal par un *chers camarades patriotes*, qui plante le décor. La grande fiesta du Front, sur quarante-huit heures, c'est parti. Tables rondes, beaucoup de noms à particules parmi les intervenants. Tiens, la noblesse, ça tourne mal. J'entends Nicolas Bay[2], *il n'y a que 11 % des Français qui considèrent que l'immigration est une bonne chose pour la France*, puis un autre *la nécessité c'est d'expulser, le gouvernement fabrique des clandestins avec le droit d'asile, un demandeur d'asile gagne plus qu'un éleveur qui travaille soixante heures par semaine, l'Union européenne va chercher les migrants à Lampedusa et les installe sur notre sol, la discrimination positive, ça veut dire priorité aux minorités.* Une enseignante d'école élémentaire prend la parole, *tous les lundis soir dans mon école, il y a des cours d'arabe. La ministre de l'Éducation est responsable du développement du communautarisme alors que ces enfants sont nés en France.* Un jeune homme, *ce que l'on doit à Marine, c'est de redonner espoir aux oubliés.* Rigolo, ça sonne comme chez Jean-Luc Mélenchon,

1. Directeur de campagne, maire de Fréjus.
2. Secrétaire général du Front national, député européen.

si ce n'est que son public est plus cultivé ou plus avide de culture, je ne sais pas.

Marion Maréchal-Le Pen a des paillettes sur les yeux, des chaussures dorées, un haut bleu marine en dentelle ajourée, une veste blanche. Marine s'est contentée d'un grand décolleté dans le dos et de quatre gardes du corps. Nous nous croisons, elle m'embrasse, me fait un clin d'œil, *bonjour, comment allez-vous ?*, tandis qu'elle ne m'a vue qu'une fois, à Brachay. Alain Vizier, plaisantin : *elle n'oublie jamais rien ni personne.* Bon à savoir.

Une chose ne change pas, l'ostracisme à l'égard des médias. *Ils font mine de ne pas comprendre que la présidentielle ce n'est pas la campagne d'un parti, c'est la campagne d'une personnalité. Je ne suis pas candidate du Front national, je suis la candidate soutenue par le Front. Les journalistes ont du mal à comprendre parce que ça sort des cadres. C'est tellement facile de rester comme des poules dans leurs batteries.* Voici l'analyse que me livre Marine, quelques mois plus tard.

Je ne suis pas visée. Thierry Légier est aux petits soins. Il me sort des « carrés presse », m'autorise à approcher l'estrade à quelques centimètres, me protège lorsque je dois aller aux toilettes, tandis que quelques militants malveillants me poursuivent de leurs aigreurs. *Raüs ! Vous allez encore écrire n'importe quoi ! Ça pue la presse ici !*

À noter, le glissement de l'attitude des journalistes, à mesure que la campagne avance. Août, tout le monde se pince le nez, ils sont peu nombreux.

Septembre, cohue des médias autour de Marine, curieux, moins agressifs. À partir d'octobre, journalistes en masse se pressant autour d'elle pour quémander des interviews, lui remettre des enveloppes « confidentielles ». Y compris après sa mise en examen.

Pause déjeuner. Champagne et petits fours sophistiqués en salle de presse. Du jamais vu chez les autres candidats. Conférence de Marine, médias roulés à ses pieds, fascinés. Pas de leçons à donner, suis encore plus atteinte. Elle fait tinter ses bracelets, tire sur sa cigarette électronique, se marre. Finies, terminées les années du Front xénophobe, du Front critiqué. Marine affiche aisance, humour, rire, distance. Entre les lignes, on lit du « moi, c'est moi, le nouveau Parti me ressemble. Mon père, c'était mon père ». Comme s'il était mort. Oh ! Le changement ! Joué ? Réel ? Qui saura jamais ?

Je prends un café avec Wallerand de Saint-Just. *Le Pen disait, je vais lâcher, mais on ne lâche jamais. C'est lui qui a voulu qu'elle vienne. Après, il ne souhaitait plus partir. Le problème de Le Pen est un problème politique sur l'immigration, le racisme, la xénophobie, dont Marine s'est distanciée.* Oui, oui.

Sourires en coin, déploiement de charme. Je hèle Alain Vizier. *Elle domine, elle est à l'aise, elle a travaillé sur elle.* Il acquiesce, *vous avez tout compris.* Un peu de recul dans le taxi qui me conduit à Sète le samedi soir. Cet arrangement débordant de charité, d'empathie, de démonstration affective avec eux doit cesser. Oui, les équipes du Front me touchent. Oui, le bannissement dont elles font l'objet les rend plus écorchées, plus sensibles. Somme toute, je vais continuer.

Dimanche 18 septembre, départ de Sète pour rejoindre les Estivales, allocution de Marine Le Pen. Depuis la veille, le slogan qui la porte à la présidentielle est étalé partout, en violet, « Au nom du peuple ». Des essaims de gens sortent des cars. Public mythique. Ambiance *voisin, voisine*, au cœur d'un salon de coiffure niçois, hors saison. Une femme à mes côtés, énormes créoles plaquées or, ongles argentés, bracelets de cheville, robe à fleurs, cheveux peroxydés, lunettes à strass. Juste derrière elle, une autre, perruque bleu-blanc-rouge, faux ongles et faux cils assortis, regard morne.

Je me délecte, ça ne va pas durer. Je suis assise au sol contre le premier rang, un militant bedonnant, sweat-shirt tricolore, yeux injectés de sang, drapeau dans chaque main, me fixe et s'agace, *derrière, les journalistes, dégagez, la presse, retournez à vos places !* Je ne bouge pas d'un iota, pose mon cahier à terre. Cinq minutes plus tard, des bottes de rangers le piétinent. Vigile du troisième type en ligne de mire, veste et pantalon treillis, imprimé camouflage, gants de cuir à la ceinture, lunettes-masque transparentes, casquette militaire. Contre son torse et ses avant-bras, un badge sur lequel on lit « honneur et fidélité », aux emmanchures, un logo cousu indique « DPS ». Département protection sécurité. Bienvenue au service d'ordre du

Front national. Je lui envoie des risettes, craignant de finir au stalag.

Pendant ce temps, Marine est arrivée, accompagnée de Thierry Légier, habillé comme s'il se rendait à un cocktail rue de la Pompe. Chemise rayée bleu et blanc, veste de blazer marine. Avec ce look, il va finir dans le salon de Fillon.

One-woman show sur scène. Des mots pour Brachay, des mots pour Fréjus. Ce ne sont pas les mêmes, évidemment. *Mes amis, le moment est venu de voir le monde comme il va et pas comme on le raconte… Ce qui nous appelle ensemble, ici, c'est la conscience que la France n'est plus entre les mains des Français… Oui au multiculturalisme au niveau de la planète, non au multiculturalisme dans un seul pays… N'écoutons pas les marchands de territoires, d'hommes et de monnaies, nous ne sommes pas à vendre… Nul autre que le peuple français ne peut décider qui il est et ce qu'il peut devenir… Tout au nom du peuple français, rien sans lui, rien contre lui…*

Elle cite Malraux, Lévi-Strauss et de Gaulle. Grabuge dans les cimetières. Je n'ai jamais entendu *La Marseillaise* chantée aussi fort, aussi furieusement, tout le monde debout, drapeaux en main.

Gare au final. Montent sur scène des enfants couverts de chapeaux de paille, t-shirts siglés « Au nom du peuple » en étendard.

Maréchal, nous voilà.

Jaspiner

On ne peut rien refuser aux tyrans de votre trempe. Irrésistible, craquant, hypersensible. La voilà, la panoplie de vos méfaits. Un jour d'abandon, je vous ai même juré de voter pour vous. Oui, je vous l'ai promis, parce que vous me l'aviez demandé. Je vous mentais, vous le saviez.

Aux abris, j'ai décidé de me protéger de vous. De votre rhétorique, de vos bouleversements affectifs, de vos lynchages verbaux. Vos équipes sont prévenues. Désormais, je ne vous adresserai la parole qu'en état de supériorité, lorsque vous êtes exsangue, vidé, exténué. Justement, vous l'êtes ce soir-là. À tel point qu'il vous faut récupérer un peu, avant que je vous attrape.

Parfait, j'ai un plan B pour patienter.

Pendant que vous somnolez dans la voiture numéro 13, je m'allonge à même le sol, au premier étage du wagon, entre deux carrés, la tête posée sur mon sac à main. Quinze heures dans les pieds, plus de place. Gavage de chips, deux verres de vin, je compense pour nous deux les lacunes de votre régime « spécial campagne », légumes, poisson vapeur, ni sucre ni alcool. Vingt minutes plus tard, mes ondes sont brouillées lorsque vos troupes me font signe de vous rejoindre. Total, je m'applatis à vos pieds, hilare.

Aucun voisin de part et d'autre. Je déploie mes jambes contre les vôtres, pose parfois mes pieds sur les accoudoirs, expose rapidement ce que j'attends de vous et, ne trouvant pas mes mots, résume d'un trait, *à poil, le mec.*

Vous ne laissez pas passer. *Non, mais vous, vous êtes complètement dingue, Tchakaloff ! Vous me direz, ça tombe bien, compte tenu de ce que vous faites, vous aussi, vous devez avoir une roue voilée pour vous immiscer dans cet endroit et le consommer à outrance. Moi, quand on me parle d'un concurrent en disant, il est fou celui-là, j'ai toujours envie de répondre : qui c'est qu'est pas fou ici ?*

Conversation irréelle. Une heure trente d'éclats de rire, yeux doux, joutes et rapports de force. À l'arrivée, j'ai pratiquement tout oublié, vous aussi, sans doute. Moi, c'est l'alcool. Vous, la fatigue. Un beau duo.

Écoute mes enregistrements en rentrant chez moi. Nos deux voix sont si pâteuses que l'on croirait qu'un coton a étouffé mon magnétophone. Sur la bande, j'entends régulièrement vos interjections, *arrêtez de me donner des leçons, écoutez-moi !* À la quatre-vingt-neuvième minute, je réponds ironiquement, *continuez Jean-Luc chéri, je bois vos paroles comme du petit lait !* Grosse détente.

Leçon numéro un, ouvrir la fermeture éclair. Vous n'êtes pas vraiment assis, littéralement étalé, liquide, vautré dans votre siège de première classe. Tandis que j'attaque bille en tête sur votre sale caractère, vous obtempérez. *Moi, je suis invivable parce que je fais de la politique. Le combat remplit ma vie, explique mes amitiés, mes amours, leurs tumultes et leurs échecs. Je suis dévoré jusqu'au fond par l'engagement. J'ai toujours fait ça. C'est le sens de mon passage sur terre. Vous l'auteuuuure, vous êtes privée de continuité et de sens, pas moi. Qu'est-ce qu'il y a d'autre dans la vie ? La chasse, la pêche, les bières et le match de foot à la télé ? La politique comble ma vie de toutes les manières possibles. Par la politique, je fais de la poésie, de l'art, maintenant, je ne sais pas, je ne sais plus quoi faire d'autre. On va me présenter quoi de mieux comme enrichissement de mon existence ?*

Leçon numéro deux, reconnaître ses torts. Je vous rappelle que vous m'avez fait pleurer. Vous me houspillez encore, *vous, vous vivez dans l'illusion CSP + du monde, une illusion nombriliste et narcissique.* Merci, monsieur. Vos saillies m'autorisent à vous dire ce que je pense de vous et notamment à revenir sur votre « pagnolisation » de l'action politique. Vous riez. *Ma langue m'a joué des tours, vous voyez bien, même avec vous. Parce que le sens de la repartie, ça a des revers. Mon petit goût de la provoc', c'est toujours d'en dire un peu plus. Ce qui me fait rigoler, c'est les innombrables leçons de maintien que je reçois des petits-bourgeois. Beaucoup voudraient que je leur ressemble, que je parle d'une voix flûtée, sans m'emporter. Eh bien à la fin, si vous fermez votre gueule, le système a gagné. Ce que je suis est un handicap dans certains milieux mais mon pari, c'est que le bobo et le prolo, il réfléchit, il ne s'arrête pas aux apparences. Alors même s'il déplore mon caractère, il voit bien que je ne mens pas, que je suis sincère.*

Leçon numéro trois, inviter Élisabeth Roudinesco. Totalement marxiste puis complètement camusien, vous ne faites jamais les choses à moitié. On ne peut pas dire que vous soyez le roi de l'autoanalyse, votre fureur active vous l'interdit. Alors, quand je vous demande de parler de vous, vous convoquez l'histoire ou la littérature, béquilles idéales de votre « moi ». *L'histoire de ma quête, c'est le mythe de Sisyphe, « la lutte pour les sommets suffit à remplir le cœur d'un homme ». Cette lutte, c'est pas le crapahutage vers les fonctions suprêmes. Pour moi, c'est derrière tout cela, j'ai tout eu. Je ne cours plus après la bonne opinion de ma concierge, de mes voisins ou de mes copains de classe. Pour un homme, les gratifications symboliques ont une grande importance. Ce problème-là est réglé.*

Leçon numéro quatre, imiter Brice Teinturier. Il y a deux sortes de candidats, les malvoyants et les clairvoyants. Les premiers ne souffrent pas le doute, convaincus qu'ils vont gagner. Les seconds s'en délectent pour avancer. Vous mariez les deux, à la fois sûr de vous et conscient que toutes les chances ne sont pas de votre côté. Votre lecture de la conquête du pouvoir se retrouve astucieusement détachée de votre personne. *Moi, je suis à mi-chemin entre la stratégie politique et la tactique électorale. J'aime la théorie et j'ai les mains dans le cambouis. La révolution et les processus de masse, ça inclut l'action de masse. Le problème n'est pas de savoir si vous êtes bien ou mal, c'est de savoir si ce que vous posez comme acte correspond au moment dans lequel vous êtes, par rapport à la cible que vous voulez atteindre. Tout le reste, c'est du baratin. Une stratégie de conquête du pouvoir, c'est pas une affaire de personnes. La personne en est l'une des composantes, seulement. L'essentiel, c'est le moment qui correspond ou pas. Vous pouvez avoir le meilleur bateau et être le meilleur marin du monde, s'il n'y a pas de vent, c'est plié.*

Les meilleurs ne gagneraient-ils pas toujours ? *L'exemple de 2012 est typique. Comme disait Trotski, « les masses travaillent à l'économie », elles font ce qu'il y a de moins fatigant. Du coup, au dernier moment, 30 % des électeurs d'Hollande, qui hésitent entre lui et moi, votent Hollande parce qu'ils se disent, « Mélenchon, c'est bien, mais il va peut-être pas y arriver, il est un peu speed là, tandis que l'autre, il a l'air bonasse, il va nous arranger ça ».* L'histoire politique entre bande-dessinée et roman-photo, c'est signé Jean-Luc.

Leçon numéro cinq, prévenir avant de mourir. *Le vote des classes moyennes supérieures est volatile parce qu'elles n'ont pas d'ambitions sociales, elles n'ont que des ambitions individuelles. Elles n'ont pas l'instinct et les pratiques de la solidarité de classe qui étaient celles des grandes concentrations ouvrières, il y a quarante ans. Elles peuvent voter pour moi parce qu'elles ont entendu quelque chose qui les intéresse de la critique du capitalisme et de l'analyse de la crise écologique. Mais ça peut s'évaporer.*

Leçon numéro six, faire battre mon cœur. Un détail amusant, vous n'aimez pas toucher les autres, vous ne raffolez pas non plus d'être tripoté. Pas très judicieux, dans une campagne électorale. Justification. *Je me suis en partie construit autour de la surdité. Les gens qui entendent mal doivent toujours vérifier, voir. J'essaie de maîtriser mon environnement, sauf que je le ressens un peu moins que vous, voilà tout. Ce qui est nouveau par rapport à 2012, c'est la limite physique que je sens aujourd'hui. « Mes p'tits chéris »* (ndlr : son équipe) *se relaient. Moi, personne ne me relaie jamais. Je ne me reconstruis qu'en rêvassant.*

Votre regard se perd dans le paysage qui défile, de l'autre côté de la vitre sur laquelle votre joue est appuyée. *C'est bon ? Vous avez tout ce que vous voulez ?*

Il est 22 heures, nous arrivons gare Montparnasse. Les lumières du TGV s'éteignent et s'allument. Entre chien et loup, vous commentez le baiser que vous me donnez d'un *je vous aime bien, vous.*

Cœur réchauffé, je m'apprête à aller chercher les résultats de mes tumeurs, l'esprit ensoleillé.

Enlacer

J'ai vendu mon âme au diable parce que j'avais envie.

C'est peut-être parce que nous avions bu plusieurs verres de chablis. C'est peut-être parce que je n'ai plus de surmoi. C'est peut-être parce que nous étions seules, sans aucun témoin, ni officier de sécurité ni personne. C'est peut-être parce que je suis devenue trop réceptive au combat de ces candidats, leur difficulté de vivre, leur quotidien, leurs absences, leurs éclats, leurs mises à terre. C'est peut-être parce que ces mois de terrain, d'absorption, m'ont littéralement transformée, abîmée, remplie. Je ne connais pas précisément les raisons de la fin de l'histoire.

La nôtre, Marine et moi.

Il m'est arrivé d'être rebutée par un homme avant de céder à son charme, sans explication. De la même manière, Marine s'est humanisée, m'emportant malgré moi, au-delà de moi, alors que j'avais prévu d'écrire absolument l'inverse. Ce livre était un ring déguisé pour la contrer, la plaquer au sol, la mettre à jour, dans la mesure de mes infimes capacités. Marine, je voulais en faire un démon. Eh bien, c'est râpé.

Lundi 12 décembre, je saute dans le train pour la retrouver à Strasbourg. Depuis cinq mois, je me rends aux réunions publiques de la candidate et de son parti, attrapant dès que possible un mot, un regard de sa part, entre deux portes. Installée dans le décor pour que mon visage lui soit familier, je me colle à elle, telle une sangsue, en silence. Un « off » improvisé avec les médias ? Je suis juste devant elle. Une allocution ? Je campe derrière elle. Je suis son Fantômas, son double invisible, l'ombre de son ombre. Étonnant qu'elle n'ait pas encore eu l'envie de m'envoyer sa main dans la figure. J'ai également noué des liens avec plusieurs personnes de son entourage, Florian Philippot, David Rachline, Nicolas Bay. À bout de moyens déployés, je me rends à la convention présidentielle du Front national sur la santé, le vendredi 10 décembre à Paris, déterminée à ne repartir qu'armée d'un rendez-vous de longue durée avec Madame. Elle fait campagne à Cayenne, quelques jours plus tard. Suis prête à la suivre, ne serait-ce que pour avoir une heure de conversation avec elle dans l'avion, elle le sait, m'interroge :

— *Vous n'allez pas faire dix mille kilomètres juste pour cela, tout de même ?*

— *Bien sûr que si !*

Je détache chaque syllabe distinctement, pensant afficher l'opiniâtreté.

Immédiatement, elle saisit devant moi son téléphone, demande à son assistante de décaler l'un de ses rendez-vous, afin de passer la soirée en ma compagnie, trois jours plus tard. Je plante mes yeux dans les siens, m'exclame sans réfléchir, *vous êtes mon cadeau de Noël !*, embrasse Alain Vizier, le serre fort dans mes bras, comme s'il était tout droit descendu de la cheminée. Les deux me dévisagent, interloqués. Dans la rue, je respire un grand coup, béate. J'ai le sentiment d'avoir fait un casse au Front national.

Le fameux lundi est arrivé, nous tombons face à face dans le wagon, au moment où le train entre en gare. À ses côtés, Louis Aliot, son compagnon, allure d'ours rustre, rugueux. Thierry Légier est là aussi, je discute désormais régulièrement avec lui via WhatsApp. Il m'envoie des blagues, des photos, je lui demande parfois de m'aider. Bienvenue dans ma nouvelle famille.

Nous marchons tous ensemble, traversons la gare, parlons de tout, de rien, le temps d'arriver à la voiture qui attend Marine. Deux personnes l'arrêtent pour faire un selfie, me laissant abasourdie que cela puisse lui arriver, à elle. Marine est entrée dans les mœurs. Maintenant, on ose se faire photographier ouvertement à ses côtés. Un signe. Cinq minutes plus tard, elle lance à Louis, qui part dans une autre direction : — *À tout à l'heure ! Je t'attends pour dîner ou pas ? — Non.* Voilà qui arrange mes affaires. Il est 17 heures, je reste seule avec elle jusqu'à 21 h 45. Et après ?

Et après, la vie, la famille, la politique, la religion, l'œdipe paternel, les enfants, le renouveau du Front, la campagne, Marion Maréchal-Le Pen, l'amour, les désamours, ses sœurs, le bureau politique du parti, ses amies d'école, la mutation de son positionnement, sa stratégie de conquête du pouvoir, la vie volée par la campagne, le changement de cap du Front national, sa mère, disparue pendant quinze ans... Tout y passe, dans le désordre.

L'heure tourne, nous sommes attablées au bar de l'hôtel que nous partageons. Relais et Châteaux, spa, copies de tentures anciennes, juste ce qu'il faut de mauvais goût. J'ai préparé un questionnaire, le jetons aux orties, dialoguons comme deux amies qui se retrouvent et qui diraient, *bon, alors, on débriefe tous les dossiers ?*

À la table voisine, une femme se lève et lui demande un selfie, encore. *Vous êtes Marine Le Pen ? Je ne vous avais pas reconnue ! Vous êtes belle, en vrai. En plus, vous avez minci.*

Retour à nos moutons.

— *Je sais que vous n'accordez vos soirées à personne. Pourquoi moi ?*

— *Je vous ai choisie de manière intuitive. Cela fait des mois que je vous vois m'attendre, me fixer sur scène, m'alpaguer, demander du temps à mes troupes. J'ai vu dans vos yeux que ce n'est pas une posture. Vous y mettez trop d'implication pour qu'il en soit ainsi.*

Honte, stupéfaction, fureur de ne pas savoir conserver la distance, sentiment de collaboration, tout s'enchevêtre dans mon esprit. J'engrange ce qu'elle vit, ce qu'elle dit, comme un poisson ventouse.

Marine est un aimant. Son naturel, sa chaleur, vont avoir raison de ma résistance déguisée en conscience politique, le temps d'un verre. Il est évident qu'elle ne m'aurait pas dit tant d'elle si j'avais été sur mes gardes, ce soir-là. Néanmoins, ma manière d'être avec elle n'a rien d'une stratégie. Marine crée cela, inspire cela, aussi étrange que ce soit. Elle instaure le bien-être, dans la relation à deux.

Lorsqu'elle aborde le creuset de ses convictions, j'ai les oreilles en pointe, fais en sorte de ne pas réagir aux sujets qui m'horripilent. Je ne suis pas là pour cela. Si je suis assise à ses côtés, si je dors dans le même hôtel qu'elle, si je la détaille à la loupe depuis plusieurs mois, si je me rapproche de son cercle politique, c'est pour avoir le cœur net de tout autre chose. Qui est-elle, profondément ? Une xénophobe raciste savamment grimée en candidate plus républicaine que ne l'était son père ? Une bête politique prête à tout pour conquérir le pouvoir ? Comment opère-t-elle ? Qu'a-t-elle de plus que les autres pour attirer autant les foules ? Enfin, la question qui me taraude à propos de chacun des candidats : quel est l'écart entre ce qu'ils pensent et ce qu'ils disent ?

Faisceau d'indices, à Strasbourg, entre rondeur et crudité, drôlerie et densité. Son intelligence animale zèbre sa capacité de raisonnement implacable, y compris quand c'est complètement hors sujet. Elle arbore le combat, enfermée dans un canevas de pensée dont elle semble ne jamais pouvoir sortir. *Les journalistes pensent que je ne suis pas sincère. Ils disent « regarde comme c'est différent ce qu'elle te dit aujourd'hui de ce qu'elle disait hier au Front national »... Or, s'il y a bien un procès qu'on ne peut pas me faire, c'est celui de la sincérité. Depuis que j'ai émergé publiquement au Front en 2002, j'ai toujours tenu la même ligne. D'ailleurs, lorsque j'ai décidé d'être candidate à la présidence du Front national, j'ai dit à Le Pen* (ndlr : c'est ainsi qu'elle appelle son père) *: « Je suis désolée mais la ligne politique de Gollnisch n'est pas la mienne, ce n'est pas ce que je pense, donc je serai candidate contre lui parce qu'il y a deux visions radicalement différentes. » Comment en 2005, aurais-je pu avoir la perversité de monter quelque chose qui ne me correspondait pas ? Aujourd'hui, je suis bien consciente qu'après quarante ans de caricature d'un mouvement, il est difficile de changer son image.*

Marine est une paria. Un taureau blessé qui continue à charger tandis que le sang recouvre son poil, un bestiau élevé dans l'adversité, dont rien ni personne ne peut détourner le chemin. Les injures, elle les reçoit depuis la cour de récréation en raison de son patronyme, si bien qu'elle a appris à ne pas douter. Pour elle, douter, c'est mourir. Cela diffuse une drôle d'atmosphère. On ne peut pas regarder ailleurs lorsque Marine vous sonde et discute longuement avec vous. C'est organique. Sa voix éraillée, vapoteuse aux lèvres (elle a arrêté de fumer il y a deux ans), ses yeux rieurs qui tirent trop souvent vers le bas, ses os lourds, ses mains imposantes, tout chez elle est trop. Trop costaud, trop proéminent, trop robuste, trop prépondérant, trop invulnérable. *C'est une soixante-huitarde*, m'avance un soir Thierry Solère (ex-porte-parole de François Fillon), à l'issue d'un repas arrosé. Pas faux, mais il y a davantage. Marine transperce, émeut, fait hurler de rire. Magnétique, charismatique, elle frôle la domination. Je laisse faire, tendue vers l'unique objectif d'éprouver ce qu'éprouvent les autres. Ceux qui votent ou vont voter pour elle, ceux qui la valorisent à la télévision ou la fréquentent régulièrement comme Éric Zemmour, avec lequel la candidate m'indique avoir regardé les débats de la primaire de la droite et du centre.

Comme Ulysse, je m'approche du chant des sirènes. Me force à tomber dans le piège pour comprendre son fonctionnement.

Marine est une éponge. Elle a saisi que la politique, c'est la confrontation aux autres, leur compréhension, la propension à se placer en totale empathie avec eux. Elle est la seule à se jeter dans la foule, à l'issue de certains meetings. Aucun autre candidat ne le fait de cette façon. Elle va chercher les bras, elle est aspirée par eux. Au fond, l'idéologie est assez secondaire chez elle, parce qu'idéologue, elle ne l'est que depuis peu de temps. Je le sais, pour m'être renseignée auprès de certains de ses amis de jeunesse, de gauche comme de droite. Quand Marine avait 20 ans, la politique importait peu, seule comptait la défense de son père. À plusieurs reprises, pendant la soirée, elle martèle : *Le Pen était beaucoup moins caricatural que l'image qu'il véhiculait. Je pense qu'il a été tellement blessé de la caricature que l'on a faite de lui et tellement découragé que, par provocation, il est devenu cette caricature. Il en a souffert, beaucoup, parce qu'il était vraiment différent de ce reflet. L'homme que j'ai connu ne correspondait pas du tout à ce qu'on donnait à voir de lui. Les homosexuels, tout cela, il n'en avait rien à faire. Il était libertaire. La violence des attaques, la brutalité des attaques, l'injustice des attaques étaient telles qu'en fait, le seul moyen de répondre était de dire, « vous voulez que je sois cela ? Eh bien je vais l'être, je vous emmerde et vous ne me ferez pas plier »... Du coup, on avait un amour craintif à son égard. Quand il allait sur un plateau, on se disait « pourvu que ça passe »...* Elle marque un temps d'arrêt, tire sur sa cigarette électronique, à plusieurs reprises. *J'aime mes deux parents. Les deux. Je trouve que ce sont des êtres exceptionnels, même s'ils sont originaux tous les deux... Je pense qu'au fond de lui, Le Pen se dit peut-être, Marine a fait un truc de fou... Mais je n'en tire aucune fierté. Cela reste une blessure très profonde. Je me suis toujours battue pour lui, je l'ai toujours défendu y compris sur l'indéfendable, sans réserve. Je n'ai jamais été avec Le Pen comme Marion est avec moi.* Mine de rien, Madame met les points sur les « i ».

Marine est une plaie ouverte. J'ai su qu'elle était différente des autres, avant même de lui avoir parlé, en sondant son staff. Tous les candidats sont accompagnés d'une escouade plus ou moins importante selon les déplacements. Tous les candidats consultent leur bande rapprochée, pour faire le bilan d'une rencontre ou se remonter le moral, si nécessaire. Marine se déplace seule. Je demande à ses barons, *mais alors, qui la rassure quand elle prend un coup dur, subit un camouflet, une déconvenue ?* Réponse générale : *C'est elle qui nous remonte. Marine n'a jamais eu besoin d'être relevée, elle a été éduquée comme cela.* Voilà. Chaque candidat a une particularité. Celle de Marine, c'est le tempérament. Elle en a conscience. *Quand on est normal, on ne peut pas faire de la politique, parce que le niveau de brutalité et de souffrance est quelque chose, par définition, que n'importe quelle personne normale fuirait. Moi, je suis née sur un bateau un jour de tempête et j'ai passé l'intégralité de mon existence dans une tempête générale. Parfois, j'ai de l'empathie pour ceux qui n'ont pas vécu cela, qui ont déroulé une carrière politique sur du velours, sont devenus assistants parlementaires, puis députés, puis ministres sans jamais rencontrer la moindre difficulté. Et puis un jour, il y a un truc qui leur tombe dessus et, en général, ils finissent éparpillés façon puzzle.*

Comprenez, la fille est beaucoup plus cabossée que tous les autres politiques. Elle est flinguée, « déglinguo ». Conclusion, elle panse ses lésions en récupérant celles des autres. Et Marine a reçu tellement de coups qu'elle est la plus à même de montrer qu'elle discerne, qu'elle partage les ecchymoses des Français... Bien qu'elle n'y apporte pas les réponses adéquates. *Je vais vous dire quelque chose qui ne me ressemble pas, parce que je trouve que c'est très orgueilleux. Je crois que j'ai la même réaction que les Français moyens, face aux événements : nous avons les mêmes ressentis. Quand quelque chose m'indigne ou me réjouis, en général, il indigne ou réjouit également les Français. Je suis dans cette espèce de moyenne qui fait que j'ai l'impression d'avoir une connexion affective avec eux.* Vous avez dit banalité ?

Pendant ce temps, nous, les gens « politiquement corrects », avons beau jeu d'être froissés par le contenu de ses propositions, de ses discours, de ses interventions médiatiques. Ce n'est malheureusement pas le premier lieu du crime. Même s'il est le plus visible. La politique se joue dans le ventre, pas dans la tête. Je l'ai intégré depuis la défaite d'Alain Juppé à la primaire de la droite et du centre. Je l'ai perçu en voyant Marine sur scène et en questionnant ceux qui sont dans la salle. Un jour, l'un de ses sympathisants m'a dit, *tu peux ne pas aimer*

Johnny mais chanter Tennessee, parce que sa voix te prend aux tripes. Marine, c'est pareil.

L'émotion, l'instinct, les sens, elle ne parle qu'avec cela. Elle n'est que cela. Ce qui la rend parfois paradoxale, comme lorsqu'elle explique son rapport à la spiritualité. *Je suis profondément croyante mais fâchée avec le clergé. Cela fait de moi une mauvaise catholique. Je crois vraiment en Dieu, en la Vierge Marie, mais l'Église nous a maltraités. Elle a brisé quelque chose auquel je croyais, enfant. La charité, la compassion. Nous avons eu droit à tout, ils nous ont à peu près tout fait, entre le refus de baptiser Marion, l'interdiction que Le Pen vienne à la communion de Romain, le frère de Marion… Je pense que les hommes sont tout à fait imparfaits, cela ne remet pas en cause la relation que j'ai à Dieu.* Elle entrouvre les lèvres, sourit à la tapisserie.

Marine est un kaléidoscope. Je sais son programme économique, je sais son protectionnisme, je sais son souverainisme, je sais tout le reste. Pourtant, la curiosité malsaine qui m'habite s'efface quand elle entre dans la pièce. Dès lors, décoder Marine, la disséquer, c'est admettre qu'elle déclenche une attraction brutale, c'est admettre aussi qu'elle sait prendre à son compte les bosses des autres et qu'elle peut s'en servir, sciemment ou pas. Dissocier ces deux locutions revient à la rendre trop sympathique ou trop diabolique.

Or Marine est complexe. Complexe à tel point que ses analyses ne sonnent pas toujours complètement faux. *La France est extrêmement attachée à ses racines chrétiennes mais elle est profondément laïque. Elle n'est pas du tout raciste, mais elle trouve que trop d'immigration, ça ne peut pas marcher. Elle est plutôt attachée à la liberté des mœurs, mais elle est aussi ancrée dans les valeurs traditionnelles, la famille. Elle est pour l'économie de marché, mais contre la mondialisation sauvage. La France est tout cela, compliquée, contradictoire, un espèce d'équilibre magique d'un pays qui n'est jamais caricatural, entièrement dans la finesse, dans la mesure.*

C'est assez troublant de l'entendre dire cela, compte tenu de ses positions si rigides, si sectaires, si éloignées de ces mots. Je la fixe intensément, elle devine parfaitement pourquoi.

Marine est féminine, en dépit des apparences. Soignée, voire coquette.

Nous avons eu un homme en commun, elle et moi. Bizarrement, plutôt de gauche. Moi, quand j'avais moins de 30 ans. Elle, dix ans auparavant. Quand il me prenait dans ses bras, cet homme-là me disait, *tu sens l'été*. Je me demande bien ce qu'elle pouvait sentir, elle.

Voici, à peu de choses près, ce qui me traverse l'esprit, tandis que je remonte dans ma chambre d'hôtel, à l'issue de nos quatre heures de conversation. Je suis heureuse et couverte d'horreur. Comment ai-je pu aller si loin ? Et d'un autre côté, *je suis la plus forte, j'ai une matière incroyable*. Sacré complexe de supériorité pour enterrer mes errances.

Le lendemain matin, au réveil, je la croise dans l'ascenseur de l'hôtel, la remercie pour tout ce qu'elle m'a dit. Elle se tient droite, tout contre moi, joyeuse, *lorsque j'ai écrit le livre sur ma vie, en 2005, j'ai laissé un soir le manuscrit à Le Pen, puis j'ai attendu toute la nuit son retour sur le texte. Le lendemain matin, il m'a dit, « tout ne me plaît pas, mais tout est juste, ne change rien »*. Marine ne me parle pas de « justice » au hasard. Ces mots me sont adressés juste avant que j'écrive sur elle.

Je ne décille pas, lui envoie un baiser de la main et file prendre le train qui me ramène vers Paris.

Chanter

Parfois, la campagne fredonne *Starmania*. Ils font leur numéro, ils veulent crier qui ils sont, avoir le monde à refaire, contrôler leur univers.

Comme des artistes, les candidats se disputent les salles de concert. À l'automne, ce jeu de touche-touche atteint des firmaments. Nicolas Sarkozy et Alain Juppé au premier rang. Marseille le même jour, Toulon et Bordeaux, dans un mouchoir de poche. Clou du spectacle, apogée de leur *road movie*, le Zénith de Paris, à un mois d'intervalle. On croirait Johnny contre Florent Pagny. La musique change, pas le siège sur lequel je me trouve.

Le Zénith, *c'est du sérieux*. Capacité d'accueil, six mille deux cent trente-huit personnes. Les sarkozystes parient sur le fait qu'Alain Juppé ne remplira pas la salle. Tu parles, Charles. Pendant que les chiens de faïence se contemplent, François Fillon prend du galon. Bravo, les gars.

Ravage des échauffements, parcours d'une combattante. Les *one-man*, on les teste d'abord en format restreint, auprès des auditoires de province.

Dans la vie, on fait ce qu'on peut, pas ce qu'on veut. En ce qui me concerne, suivre les meetings de Nicolas Sarkozy est une guerre de tranchée. Je m'y rends dans mes petits souliers, compte tenu de l'épouvantable accueil que me réserve son équipe. Depuis le premier jour, ceux-là m'en font baver des ronds de chapeau. Pour une raison qui m'échappe au départ, je subis une quarantaine en bonne et due forme. Privée de la transmission des agendas du candidat, empêchée de le suivre, la plupart du temps. Même *Libération* reçoit le programme des déplacements. Moi pas. Alors, je biaise grâce à quelques amis journalistes me faisant suivre les informations qu'ils reçoivent, demande à être accréditée, sans réponse en retour. La politique ne connaissant que le rapport de force, je finis par écrire à Véronique Waché, alors en charge de la presse de Nicolas Sarkozy : *Chère Madame, votre équipe et vous-même n'ayant pas donné suite à mes demandes d'accréditation… Je vous saurais gré de bien vouloir me répondre afin de ne pas mal interpréter votre silence. En l'absence de retour de votre part, je me trouverai dans l'obligation de rendre publique cette interdiction tacite que vous êtes les seuls à utiliser… Cela signifierait-il que vous n'accréditez que les journalistes dont vous pouvez circonvenir les propos ? J'espère me tromper sur votre sens de la liberté d'expression et votre vision de la démocratie...* Le lendemain, je reçois ce SMS : *Chère Madame, nous ne souhaitons pas participer à votre ouvrage. Bien à vous.* Malheureusement pour elle, je n'attends pas son aval pour faire figurer sa vedette dans mon livre. Retournement de situation. Comme par magie, à la suite de notre échange, je serai accréditée à chaque rassemblement.

Quelques jours plus tard, j'apprends de la bouche de Mme Waché le motif de sa bouderie. Certains mots supposés *à charge* dans mon précédent ouvrage me transformeraient en anti-sarkozyste de service. J'ai bien cherché, je ne vois même pas desquels il pourrait s'agir. Elle en rajoute, *sincèrement, je ne comprends pas pourquoi vous voulez suivre Nicolas Sarkozy, vu que vous ne l'aimez pas du tout.* Il se trouve que je n'avais aucun a priori particulier à l'encontre du candidat, mais cette dame et son entourage ont contribué à le fabriquer. Bravo, princesse.

Pouvoir être une anarchiste. *Nicolas Sarkozy, premier set, Châteaurenard*[1].

Dès le mois d'août, il a tant droitisé sa campagne que les militants présents dans la salle feraient passer les édiles du GUD pour des enfants de chœur. Foule déchaînée, officiers de sécurité aux looks de

1. 25 août 2016.

légionnaires insultant les impétrants, tout y est. Malaise. D'autant que mon trajet en train, à l'aller, est un chemin de braises sur lesquelles je marche nu-pieds.

Jogging sale, ni coiffée ni maquillée, je porte un sac en bandoulière contenant un tailleur et des escarpins, m'installe à ma place. Précipitation au wagon bar, à l'affût d'un café. Une présence, une odeur, une respiration connue dans mon dos. Rachida Dati porte des lunettes noires. En me voyant, elle quitte la file. Me bat-elle froid parce que j'ai démissionné de son cabinet ministériel quelques années plus tôt ou les sarkozystes l'ont-ils déjà briefée sur mon évacuation ? Double peine. Devant le comptoir, entre Luc Chatel et Christian Jacob, François Baroin, éclairs dans les yeux, me fait la scène que je mérite. *Vous osez encore me parler ? Vous êtes déloyale, je ne vous adresserai plus jamais la parole !* Effectivement, j'ai retranscrit l'une de nos conversations[1] quelques mois plus tôt, achevant de le fâcher avec Alain Juppé. Contrairement à ce que je lui avais indiqué, il n'a pas relu ses citations avant publication. Je n'avais pas anticipé les conséquences de mon geste. Depuis, je me confonds en excuses, étalée tel un paillasson à ses pieds. Cette histoire me rend malade, il le sait, en joue désormais. Pardon, François.

Reste de la journée tout aussi chaleureux. Qu'il s'agisse du discours du candidat, doublant les

1. *Lapins et Merveilles*, op. cit.

extrêmes à sa droite, des sympathisants en furie qui provoquent les journalistes – *on ne veut pas de la gauche ici !* –, ou des lieutenants du premier rang semblant sortis d'un polar italien des années 1950, l'ensemble est réjouissant. Ils boivent du petit-lait, les Rachida Dati, Christian Estrosi, Éric Ciotti, Brice Hortefeux, Laurent Wauquiez. Seules deux ouailles regardent leurs chaussettes lorsque le candidat scande des refrains au timbre patriotique ambigu. Baroin et Jacob préfèrent le sol à la lumière des *sunlights*, dans ces cas-là. On se marche dessus, on s'agonit, il fait quarante degrés, sans climatisation dans la salle.

Je sors avant la fin, asphyxiée par l'âpreté du spectacle. Celui d'un candidat dont le fond des convictions est devenu inaudible. Celui d'un homme stressé qui ne se ressemble plus. Ni gesticulation, ni tics, ni emportées lyriques. Le sortilège du Sarkozy de 2007 a disparu. Bras posé sur le pupitre, pieds vissés au sol, à la perpendiculaire, discours récité à la virgule près, je devine qu'il a perdu. Au retour, dans le bus qui nous ramène à la gare, Pierre Charon commente, *trop chaud, trop de problèmes de son. On regrette le temps de Bygmalion !* Eh oui mon lascar, nous aussi.

Dire pourquoi j'existe. *Nicolas Sarkozy, deuxième set, Les Sables-d'Olonne*[1].

Je m'y rends dans un seul objectif. Attraper le candidat en face-à-face, l'informer directement qu'il apparaîtra dans mon livre, au cas où ses troupes feraient barrage sans l'avoir consulté. Séance de dédicace dans un centre commercial. Bande-son *Lambada*. Effluves de nuggets. Des femmes en legging panthère se battent dans la queue. J'aime ma vie le samedi. M'approche, lui livre mon message. Livide, au milieu des affaires judiciaires qui viennent d'éclater, il me congèle du regard : *Ah oui ? Qu'est-ce que vous allez dire de méchant ?*

Vivre comme un millionnaire. *Nicolas Sarkozy, troisième set, Zénith de Paris*[2].

À la différence d'Alain Juppé, qui laisse la fosse inoccupée afin que l'on puisse circuler debout, les sarkozystes y ont aligné des chaises formant un carré VIP fermé. Tout autour, des tables réservées à la presse. On y trouve des VIP aussi, mais d'un autre genre. Anne Sinclair, Emmanuel Carrère[3], concentrés comme s'ils passaient leur bac, y côtoient la

1. 1er octobre 2016.
2. 9 octobre 2016.
3. Venu faire un papier pour le *Guardian*.

foule médiatique. Tiens, je reconnais un grand type moustachu qui m'avait draguée lors d'un meeting de François Fillon, au Cirque d'hiver. Il y assurait la sécurité. Le gaillard voit tout, regarde tout, les officiers viennent lui lécher les pieds, les équipes aussi. Je ne savais pas que Les Républicains avaient leur propre service d'ordre. Intéressant. Dans les tribunes, des jeunes portant des t-shirts « Tout pour la France » ou « Nous les jeunes », et des plus vieux, agitant des affiches de l'UNI. En circulant d'un bout à l'autre de l'estrade, tandis que le carré VIP n'est pas encore bouclé, je tombe nez à nez avec Guillaume Sarkozy, le frère aîné du candidat. Guillaume est un ami de longue date, je l'ai rencontré voici une quinzaine d'années. Nous ne nous sommes plus quittés. Tombons dans les bras l'un de l'autre, restons chaleureusement accrochés par la taille.

Oh ! La surprise ! La division sarkozyste me dévisage comme si je venais d'épouser un Allemand en 1940. Guillaume m'embarque dans les coulisses, tente de m'obtenir une place au premier rang, me présente Pierre, le fils du candidat. Nous nous déplaçons ensuite vers l'entrée des artistes, attendons « Dadue », sa mère, qui arrive avec Carla. Guillaume me souffle, *Carla est une sainte. Cet été, elle a accueilli maman au cap Nègre*. Mais oui, c'est gentil, ça. La famille est presque au complet, ce n'est pas bon signe. Guillaume, par exemple, ne se rend que très rarement aux meetings de son frère. S'il est là (présence qu'il renouvellera quelques semaines plus tard à Neuilly), c'est que ça sent le roussi.

Voyant l'œil sévère de Véronique Waché, je me perds en justifications. *Je suis proche de Guillaume, mais ne vous inquiétez pas, je ne passerai pas par lui pour accéder à Nicolas. Je n'aime pas les passe-droits.* Menteuse. En réalité, si je ne demande rien à Guillaume, c'est uniquement pour me réserver la liberté d'écrire ce que je veux.

Début des hostilités. Après quelques interventions des seconds couteaux, Ingrid Betancourt prend la parole sur scène. Dénuement, austérité, voix grave, elle arrive en direct de l'au-delà. Sous couvert mélodramatique, c'est encore plus tordant que Gad Elmaleh. *Peut-être ne vous souvenez-vous pas du premier jour où vous avez entendu le nom de Nicolas Sarkozy, moi si… J'étais enchaînée à un arbre… J'ai vu le respect se dessiner sur le visage de ses pairs à Boston, Berlin, Moscou… Où Nicolas Sarkozy est considéré comme un leader du monde… Moi, je sais ce que c'est que d'avoir sa vie entre les mains d'un leader*. Aïe, aïe, aïe, habitée ou droguée ? On se gondole avec mon voisin, journaliste à *Libération*. Je n'ai pas enregistré toute l'intervention d'Ingrid Betancourt. Dommage, cela valait le détour.

Nicolas est monté sur scène. Les rangs bougent, les places aussi. Rachida Dati minaude, risettes en coin, jambes croisées, décroisées. Tu m'en diras tant. Bon chic, pantalon, chaussures plates, réclame pour les teintures L'Oréal, Carla reste coincée entre François Baroin et Christian Jacob. Éclate de rire en échangeant des secrets à l'oreille du premier pendant que son mari fait un bœuf. La foule du Zénith se déchaîne, Sarkozy a articulé les mots *racailles* et *voyous*. Applaudissements à tout rompre, hurlements de fauves. Brice Hortefeux est arrivé en retard. Le pauvre vieux a loupé sa place au premier rang, puni qu'il est contre le rideau jouxtant l'estrade. Véronique Waché distribue le discours de son champion aux médias. Nicolas se détache beaucoup du texte, saute des passages, en invente certains autres. Mon refrain préféré, *je suis candidat pour parler du quotidien des Français, pas pour être le représentant d'une élite pour qui tout va bien... Cette France si protégée croit que sa vie, c'est la vie...* Fait-il référence à lui-même ? Clap de fin. Séquence suivante.

Tous les jours changer de peau. *Zénith deuxième, avec Alain Juppé*[1].

On rigole, on rigole, mais même chez Juppé, le Zénith sera raté. Accompagné d'une bande de copains, Laurent Juppé se place discrètement au quinzième rang, tout en haut des tribunes. Du Laurent, pur jus. Ne pas être vu, ne pas être reconnu. Je plaisante dix minutes avec eux, redescends dans

1. 14 novembre 2016.

la fosse. Maël de Calan[1], Fabienne Keller[2], Édouard Philippe[3], Ludovic Martinez[4], *bonjour, comment allez-vous ?*, embrassades.

Dans la tribune présidentielle, chacun s'agite. Alain et Isabelle sont entourés de Jean-Pierre Raffarin, Jean-Louis Debré. Derrière eux, Alain Minc, Virginie Calmels. Benoist Apparu se place contre Hubert Falco. Frédéric Lefebvre, voyant les photographes shooter Alain Juppé, se rapproche de lui. Une chance de figurer sur le cliché.

A star is born. Alain Delon, posé près de Jean-Pierre Raffarin. Mais que fait-il ici ? Sans doute un coup de Virginie Calmels, qui connaît bien le comédien pour lui avoir confié la présidence de Miss France, lorsqu'elle dirigeait Endemol. Regard égaré, tête immobilisée vers les projecteurs, il se languit. De la fin du spectacle ou de lui. Sur son front, on lit : je fais ma B.A. de l'année. Sursaute soudainement, je mets deux minutes à comprendre pourquoi. Lorsque ceux qui défilent sur scène évoquent *Alain*, son visage s'illumine, comme s'il pensait que l'on parle de lui. Inénarrable.

Début de catastrophe. Patrick Devedjian suivi de Marielle de Sarnez. *La France quand elle est rassemblée est grande…* Original. Juppé applaudit, me fait

1. Membre de l'équipe de campagne du candidat.
2. Membre de l'équipe de campagne du candidat.
3. Membre de l'équipe de campagne du candidat.
4. Directeur de cabinet d'Alain Juppé à Bordeaux.

un petit signe de la main. Il s'ennuie déjà, gigote sur les oursins de sa chaise. J'envoie un baiser à Isabelle, depuis les marches de la tribune présidentielle sur lesquelles je me suis recroquevillée, tout contre Édouard Philippe, juste pour l'énerver. Depuis mon ouvrage sur Alain Juppé, il ne m'adresse plus la parole, ne s'exprime qu'avec les mains, craignant que je relate ses propos. Pas folle, la guêpe.

Bérézina, Jean-Christophe Lagarde au micro. *Depuis quinze jours, Alain Juppé serait devenu centriste… Cher Alain, je t'admire car, comme changement, c'est mieux qu'un Pokémon…* Il fait ensuite la leçon à Juppé, s'emporte dans une diatribe sans queue ni tête. Jean-Louis Debré, Hervé Mariton, Marielle de Sarnez et Alain Juppé se gaussent sous cape. Au milieu de l'allocution, Benoist Apparu s'esclaffe, *bravo et merci !*, comme si c'était déjà fini. Il brûle de l'interrompre. C'est impossible.

Jean-Louis Debré devient tout rouge, étouffé par l'écharpe bleue qu'il n'enlève jamais, Dominique Perben grignote ses doigts. Quand Valérie Pécresse parle des « flux migratoires », Juppé paraît atterré, chuchote un mot à Isabelle. *En avant, Alain !*, crient les militants. Depuis la tribune, il leur montre ses poings, grimpe sur scène et prononce la phrase que les médias reprendront en boucle, *j'ai la pêche, j'ai la super pêche !* En échos, des *Juppé président !* Alain reprend, *on va gagner, si j'arrive à parler… Mon équipe m'a dit de me laisser applaudir.*

Que retenir ? Le discours est terne, comparé à celui qu'il a déclamé à Bordeaux[1], la semaine précédente. Alain *n'est pas à son meilleur*, comme dirait Céline Dion. Trop échaudé par le niveau des intervenants précédents. À la fin de son intervention, toute la tribune VIP se vide pour le rejoindre sur l'estrade. Dernière image d'une grande *love story*, six jours avant le massacre du premier tour de la primaire.

En partant, un éditorialiste m'interpelle, *la semaine prochaine, Juppé refera le Zénith avec Fillon en première partie, qui se sera entre-temps rallié à lui !*

1. 9 novembre 2016.

Débattre

Vain jeu que celui de la politique contemporaine qui transforme nos représentants en Michel Drucker et Nagui de pacotille pour gagner le championnat de la petite lucarne.

Là, tout se joue, tout peut basculer dans un sens ou dans l'autre, à raison des millions de pupilles qui vous détaillent. En télévision, on regarde plus que l'on écoute. La mort. Alors, il faut savoir sourire et mordre un peu, pas trop, être bien mis de sa personne, déguiser ses idées en formules publicitaires, soigner son allure, ses mouvements, le message subliminal que l'on transmet, davantage que sa vision et ses grandes orientations. Le tamis des débats télévisuels opère la sélection de nos candidats par l'éloquence et l'image. Dépression au-dessus du jardin.

J'ai voulu être l'agent secret des coulisses des débats de la primaire de la droite et du centre. Le sentiment d'assister à la répétition de *Qui veut gagner des millions* m'a vaccinée à vie contre un système que j'abhorre.

Si bien que je ne me suis même pas rendue à ceux de la gauche. J'aurais souffert davantage encore.

Première injection, débat organisé par BFM et iTélé[1]. Le hall de la salle Wagram déborde de caméras et de politiques en tous genres. Accueil des candidats par Alain Weill[2], qui s'amuse, *tu mettras un mot dans ton livre sur la complicité qu'il y a entre nous ?* Évidemment chéri.

Affublée et fardée comme au Festival de Cannes, je campe à ses côtés devant la porte d'entrée, assurée de ne manquer personne. Sur notre gauche, un petit groupe d'une dizaine de personnes babille à voix feutrées. Les directeurs de campagne des différentes équipes se sont agglutinés comme des mouches. Gilles Boyer[3], Jérôme Grand d'Esnon[4], Gérald Darmanin[5] refont la vie. Je les rejoins. L'un d'eux, *alors, qui Tchakaloff va-t-elle prendre comme souffre-douleur en lieu et place de Gilles Boyer dans son prochain livre ?* Je me tourne vers Gilles, son visage vire aux teintes Jacob Delafon, version lavabos ou baignoires. M'enfuir, descendre en coulisses, au sous-sol, seule issue.

Aucun journaliste à l'horizon, hormis ceux qui présentent le débat. Les loges sont séparées par des cloisons si fines que l'on entend le moindre bruit

1. Deuxième débat. Le 3 novembre 2016.
2. Président de NextRadio TV.
3. Directeur de campagne d'Alain Juppé.
4. Directeur de campagne de Bruno Le Maire.
5. Directeur de campagne de Nicolas Sarkozy.

de l'une à l'autre. Toutes les portes sont fermées, si ce n'est chez Bruno Le Maire et Nathalie Kosciusko-Morizet. Autour de celle-ci, ça pérore en riant. Voilà qui change du reste.

La loge de Nicolas Sarkozy avoisine celle de Jean-François Copé. Je frappe à la porte de ce dernier, entre deux minutes, l'embrasse. *Et comment ça va, l'autre fou, à côté ?* Je l'aime bien juste pour cela, Jean-François. Il n'a pas la langue dans sa poche. Quand on est en plein désert, la liberté vous dévore d'une traite.

Retour dans le couloir séparant leurs tanières respectives, position « Woodstock », assise au sol. Tel Jack Nicholson dans V*ol au-dessus d'un nid de coucou*, François Fillon passe devant mes pieds, dans un état épouvantable. Stressé, enfermé, concentré, le monde alentour lui échappe. Il court aux toilettes, les yeux vissés à terre.

Ça va poulette ? Décontraction des Le Mairistes. Je fais la claque dans la loge de Bruno, note sur mon carnet, *l'absence d'égotisme d'une équipe, ça fait perdre en politique, ça fait gagner en amitié*. Prise d'antenne, moins quinze minutes. *Va chercher du champagne pour Bruno, ça le détendra, on ne se refait pas le balai dans les fesses du premier débat !* Je ressors, demande la boisson à Alain Weill, traînant par là. Réponse, *dis donc, le temps que je le fasse livrer, ton copain, il sera déjà en plateau !* Misère.

Un coup dur. Abandonnant Bruno, j'erre devant chaque entrée, guettant un candidat qui engueule, déborde ou chancelle. Panier vide. Planque contre la loge d'Alain Juppé, le seul véritable ami que j'ai ici. Dans l'entrebâillement, il me fait signe d'entrer. Mais un doberman surgit en travers de la porte qu'il me barre, bras croisés en X. Gilles Boyer : *arrêtez de vouloir fourrer votre nez partout. Nous, on fait des choses sérieuses, on travaille.* Suis au-dessus de tes provocations, Monsieur. Sans un mot, je m'éclipse, cachant la secousse que suscite chez moi sa violence. Au passage, aucun candidat ne se permet jamais ce type de réflexion. Seuls les sous-lieutenants manifestent leur intention de *travailler sérieusement.*

Installation en plateau, spectacle vivant. C'est l'école, ici. Chacun lève le doigt pour prendre la parole. Nicolas Sarkozy, sans note, n'arrête pas de bouger, pieds et talons en cavalcade. Se met sur la pointe des orteils, les reposent, dos basculé vers l'arrière. NKM se touche les mains, les serre, envoie l'artillerie lourde sur le Qatar et la montre offerte à Bruno lorsqu'il était ministre. Elle a du cran et du corps. Chacun fixe ses chaussettes pendant qu'elle aboie. Lors des coupures publicitaires, Alain se rue sur son équipe, pose avec eux pour des selfies. Il aime le groupe. Charmants, Virginie Calmels et Jérôme Chartier débriefent leurs candidats respectifs, comme s'ils ne se connaissaient pas.

Deuxième injection, quinze jours plus tard. Débat France Télévisions/Europe 1[1]. Distribution

1. Troisième débat, le 17 novembre 2016.

de bracelets de couleur. Certains permettent d'accéder aux loges de l'étage, d'autres au studio. J'ai le droit aux premiers, certains n'ont pas ma chance. Ironie du sort, Virginie Calmels se trouve coincée à l'entrée, son bracelet la cantonnant au plateau. Je hèle Gilles Boyer, lui demande de la faire entrer avant le démarrage. Au lieu de cela, elle attendra trente minutes, Monsieur considérant sans doute qu'elle est à sa place avec le tout-venant. La grosse ambiance, en Juppéie. Les candidats défilent, accueillis par Denis Olivennes[1] et Michel Field[2]. Je campe juste derrière eux. Bruno Le Maire, Alain Juppé, Jean-François Copé m'embrassent. Nicolas Sarkozy détale. Je chuchote à Gilles en riant, *tiens chez Sarkozy je suis transparente ou pestiférée !* Boyer, glacial, *trêve de plaisanterie, avec lui, comme avec les autres, vous arriverez à vos fins.* Tu me surestimes, mon ange.

Chacun prend ses marques en studio, pendant que je m'installe avec les Le Mairistes pour suivre le retour antenne. Loge minuscule, champagne, vin, petits fours, commentaires, *l'international, ça fait ch… tout le monde. Vivement qu'ils parlent d'autre chose !* Thierry Solère[3] passe une tête, m'interpelle, *tu viens fumer une cigarette dans la cour avec moi ?* J'aime son côté bonhomme, son humour, sa bienveillance.

1. Président directeur général d'Europe 1.

2. Directeur exécutif de l'information de France Télévisions.

3. Alors président du comité d'organisation de la primaire de la droite et du centre.

Il glose sur le match de la primaire, fait ses pronostics, se rétracte. *L'équipe dont je suis le plus proche, c'est celle de Juppé.* Cinq minutes plus tard, *je ne sais vraiment pas ce qu'il va se passer dimanche* (nous sommes à trois jours du premier tour). *Il y a une semaine, j'aurais dit Sarkozy devant, Juppé numéro deux. Ce soir, je ne sais plus.*

Deux cigarettes chacun, nous remontons, cette fois-ci dans la loge de Thierry, installés aux côtés de Frédéric Péchenard[1]. L'espace est quatre fois plus grand que celui dévolu aux équipes de Bruno. Bribes de phrases de mes voisins pendant le débat. *Le plateau n'est pas tenu, regarde, Fillon s'empare d'une question qui ne lui a pas été posée, du coup Juppé fait pareil, personne ne les recadre… Juppé a attendu 23 h 05 pour se réveiller…*

Plaisanteries décuplées par l'alcool. Fin du débat, les temps de parole sont inégaux. Thierry, *vu l'écart des compteurs, je vais me faire éclater demain !*

Bonsoir, bonne nuit. Devant l'entrée, un baiser à Virginie, Gilles nous double, fantomatique. SMS d'Isabelle Juppé m'indiquant qu'elle a regardé le débat en compagnie des « Jeunes avec Juppé ». Le soir, nous échangerons par téléphone, sans réaliser, ni l'une ni l'autre, combien la posture de commandeur d'Alain, son retrait, sa prise de hauteur volontaire, l'a éclipsé du débat et donc du cœur des votants.

1. Ancien directeur général du parti Les Républicains.

Capituler

Ma plus belle histoire comique, c'est vous. J'ai compris qui vous étiez le jour où je vous ai nargué. Je voulais voir ce que vous aviez dans le ventre, j'ai envoyé les classiques. Au beau milieu d'une conversation, je vous coupe, *écoutez-moi Marie-Thérèse, vous ne répondez pas à ma question !* Vous explosez de rire, *mais si, Madame, je vous jure, je n'ai jamais couché avec un garçon !* Quelques heures plus tard, en vous quittant, tandis que vous êtes à l'intérieur d'un wagon et moi, de l'autre côté, sur le quai, je vous dessine un cœur de buée sur la vitre qui nous sépare. Vous m'adressez un sourire charmeur, depuis votre siège de seconde classe. Vous savez que je vais m'intéresser de près à votre cas pratique. Le lendemain, l'un des membres de votre équipe me téléphone. *Ça s'est bien passé. Désormais, vous pouvez revenir et nous suivre quand vous voulez.*

Ma plus belle histoire charnelle, c'est vous. J'ai compris qui vous étiez le jour où je vous ai regardé manger. Sans doute parce que la table reste la meilleure photographie de ce que l'on a été et de ce que l'on est devenu, révélant une éducation, un milieu, une capacité d'adaptation. Vous déjeunez avec des industriels en Moselle, l'entrée arrive, foie gras, quelques toasts. Je ne mange rien, happée par vos manières. Votre main droite découpe le foie gras en petits carrés, comme à la cantine, puis le pique au couteau pour l'introduire directement dans votre bouche. Ensuite, vous y mettez vos doigts. On vous aurait servi du *corned-beef* périmé depuis 1980, c'était pareil. De temps à autre, vous m'examinez noircir mon cahier pendant le festin, croyant sans doute que je retranscris le compte rendu de vos échanges avec les convives. Au lieu de cela, je note que vous tenez votre fourchette à la limite des branches, comme quelqu'un qui aurait été trop vite projeté dans un univers dont il ne maîtrise pas les codes. La banque Rothschild n'a pas lissé votre dégaine.

Ma plus belle histoire de corps, c'est vous. J'ai compris qui vous étiez le jour où vous serriez des mains. Les hommes politiques sont des radars. Ils savent, en un clin d'œil, à qui tendre leurs paumes, ou pas. Ils ne donnent qu'à ceux qui réclament, sans risquer de se frotter aux contradicteurs. Vous, non. Si quelqu'un ne déroule pas son bras vers vous, vous allez vers lui, vous le saisissez, qu'il le veuille ou non. L'un d'eux finira sans doute par vous dire qu'il ne vous aime pas, vous le jettera à la figure, si ce n'est pas déjà arrivé. Soit vous êtes fou, soit vous êtes si sûr de vous que vous vous imaginez intouchable. Étrange électron lâché dans un jeu de quilles. J'attends de voir laquelle vous tombera dessus.

Ma plus belle histoire d'instinct, c'est vous. J'ai compris qui vous étiez lorsque la foule est venue à votre rencontre. Comme si vous saviez, comme si vous sentiez que les mots ne suffisent pas, il y a chez vous ce mélange de sensualité et de palpation incandescente. Cette oscillation permanente entre l'inconscience et la gravité, si typique des grands gourmands de l'existence. Il y a aussi, et peut-être d'abord, une provocation, une insouciance de chaque instant, une absence d'écran entre vous et les autres. Résultat, vous êtes alpagué à tout bout de champ, vous vous en délectez. De la rue à la scène, des voitures aux trains, les gens viennent vous toucher, vous caresser, souffler leurs vies à vos oreilles. Vous les tenez, torse contre torse, comme si la foudre divine vous transportait. De tous les candidats, vous demeurez le plus abordable. Cela doit se lire sur votre frimousse. Est-ce parce que vous êtes jeune ? Est-ce parce que vous êtes nouveau ? Tout neuf, sortant de l'œuf ? Enfin, n'exagérons rien… Il ne se passe pas un meeting sans que vous soyez interrompu, harangué, hélé. Vous semblez trouver cela normal. Peut-être ne savez-vous pas que ça ne se passe pas comme cela, chez les autres candidats. En sens inverse, les gens, vous les apostrophez régulièrement. Comme j'ai ri, lorsqu'un portable a sonné pendant l'une de vos réunions publiques. Stoppant net votre laïus, vous fixez une dame, *ma chère, votre téléphone, voulez-vous que je vous l'éteigne ?*

Ma plus belle histoire d'audace, c'est vous. J'ai compris qui vous étiez au mois de novembre, quand un type a déboulé en plein meeting, en criant, *il y a trente personnes qui dorment dans la rue juste à côté… C'est moi qui vous ai offert un bleu de travail à Nancy, il y a quelques semaines… C'est pas en flexibilisant le travail qu'on va sauver ceux qui sont dehors… Il nous faut un salaire à vie, pas soixante heures par semaine…* Vous cessez votre discours, traversez toute la salle pour aller à la rencontre de l'homme, dites au micro, à l'attention de la sécurité, *laissez-le venir, laissez-le s'exprimer*. Enchaînant, *je ne vous proposerai jamais un salaire à vie parce que je suis responsable*. Vous l'écoutez cinq, sept minutes, reprenez votre allocution, le malheureux ne cesse pas sa diatribe. *Vous voulez me casser la main !* hurle-t-il à l'attention des vigiles qui le bloquent de nouveau. Silence. Vous ne regardez que lui, *Monsieur, on a essayé de se parler démocratiquement, normalement… vous avez lancé des boules puantes, des gaz fumigènes, je suis désolé pour les personnes qui étaient autour de vous, il faut arrêter désormais*. Troublé, vous grimpez sur l'estrade, la parcourez en long, en large, en travers, montez et descendez les marches. On croirait Michel Drucker dans *Champs-Élysées*. Reprenez vos esprits, lancez votre conclusion, *j'attends beaucoup de vous, vos propositions, vos initiatives, vos contradictions. La République est construite autour de l'instituteur et du colporteur.*

Ma plus belle histoire d'altérité, c'est vous. J'ai compris qui vous étiez lorsque vous vous êtes rué vers celui qui criait le soir du meeting. J'ai pensé, il est dingue, le type pourrait être armé ou avoir envie de se battre. Depuis, ce genre d'incidents s'est produit à plusieurs reprises, appelant à chaque fois les mêmes réflexes de votre part. Votre impulsivité vous sert autant qu'elle vous dessert. L'autre versant de ce rapport aux autres se manifeste avant vos allocutions. À Metz, un nombre important de personnes non inscrites à la réunion était resté dans la rue, commençant à vous injurier parce qu'elles ne pouvaient pas entrer. Vous êtes allé les voir directement, ordonnant à la sécurité de les laisser pénétrer dans la salle. À Quimper, vous sortez devant la salle du meeting, des trublions contestant vos positions sur le RSI vous interpellent. Paf, vous y allez, vous discutez, vous prenez leurs mains, ils ne veulent pas, tant pis, vous promettez une réunion. Le contact, c'est votre « héroïne ». Je repense à cette phrase d'un ami journaliste qui couvre des campagnes présidentielles depuis longtemps, *on ne peut pas ne pas l'aimer. Il n'y a rien de cynique en lui. Il n'a pas encore été abîmé.*

Ma plus belle histoire de tics, c'est vous. J'ai compris qui vous étiez en comptant la répétition du mot « énergie » dans votre bouche. C'est en boucle, ça revient tout le temps, sur tous les sujets. Vous en avez du vocabulaire, pourtant. Rien n'y fait, vous ne pouvez pas vous en empêcher. *Si j'avais une origine politique, ce serait les Lumières et Victor Hugo, parce que c'est l'origine profonde du progressisme. Ce qui fait que certains me qualifient de libéral, au sens des libertés politiques. Je le revendique. D'ailleurs, bien souvent, ceux qui pensent que c'est un gros mot sont les fils ou les petits-fils même du libéralisme. Le libéralisme au sens propre du terme est la reconnaissance d'une liberté d'un individu et de son émancipation. Et ça, j'y crois profondément, avec le sens politique que ça donne et donc cette espèce d'amour d'une ÉNERGIE du peuple et de son sens historique qu'on trouve chez Hugo… Mes premières émotions sont littéraires et mes premiers émois, je les connais au moment de la France mitterrandienne. Quand je rentre en politique, mes premières convictions sont chevènementistes par les questions qu'il pose sur la souveraineté. Je pense à cette ÉNERGIE du peuple qu'il essayait d'aller chercher au plus profond. Il est important dans ma vie intellectuelle et politique parce qu'il avait ce rapport au réel qui est à la fois une question de politique, d'économie et de liberté. Mais il est au cœur de la contradiction idéologique du Front national.*

Ma plus belle histoire d'entêtement, c'est vous. J'ai compris qui vous étiez en vous observant convaincre. Voilà votre arme, votre cheval de bataille, votre doudou à vous. *Moi, je ne peux pas gagner en cristallisant le contre. Soit j'ai une énergie propre, j'arrive à convaincre et à avoir ma propre cinétique, soit je perds.*

Je ne peux pas miser sur les automatismes comme le font les partis politiques, l'automatisme de l'alternance pour les uns, de la défense pour les autres, dans un regroupement grégaire. Les extrêmes parient sur le rejet. Moi, je ne peux jouer que sur la conviction, l'espérance. Si j'arrive à convaincre les Français que nous sommes rentrés dans le XXIe siècle et que rentrer, ça n'est pas revenir à vingt ou trente ans en arrière, je gagnerai.

Ma plus belle histoire freudienne, c'est vous. J'ai su qui vous étiez le jour où vous avez étalé vos angoisses. Comme souvent, nous sommes dans un train, en partance vers je ne sais où, peu importe. Début de campagne, vent d'automne, vous venez d'annoncer votre candidature. *Moi, je suis claustrophobe. Dans la vie, je me suis toujours battu pour ne pas être assigné à résidence. J'ai toujours su qu'avoir un parcours de vie par la politique des partis n'était pas fait pour moi. Je n'aime pas le fonctionnement des partis. Mais je savais que j'irai un jour, depuis très longtemps. Et d'ailleurs, quand j'ai quitté la vie administrative pour le secteur privé, je l'ai fait avec l'idée de revenir dix, quinze ans plus tard dans le champ politique… Quand je suis à l'Élysée, je marque mon désaccord très vite. Je ne le marque jamais publiquement parce que c'est ma déontologie. Je pars sans rien demander, ni mairie, ni circonscription, ni banque, ni grande entreprise. Les autres ont toujours quémandé qu'on les serve… Lorsque j'ai été rappelé, je ne voulais pas aller au gouvernement, parce que je savais très bien ce que c'était. Donc je n'y ai été qu'en me disant : je pourrai parler librement, je réformerai. Aussi longtemps que j'ai pu réformer, j'ai porté les réformes, même avec le cynisme qu'il pouvait y avoir derrière moi. J'ai fait l'objet d'une forme de racisme politique, dans le gouvernement, dans la majorité parlementaire ou dans l'opposition. Je n'étais pas de ce monde. J'ai fait tout cela pour mon pays et par conviction profonde. Quand on a commencé à me bloquer, je l'ai dit publiquement sur mon champ comme sur les autres, qu'il s'agisse de la réponse post-attentats de novembre 2015, de la réforme économique, de la déchéance de nationalité ou de l'Europe. Tout cela m'a conduit à développer ma propre offre, à quitter le gouvernement. J'ai été cohérent avec moi-même. Dans mon parcours, rien ne relève du clanisme féodal, de la filiation politique. C'est ma liberté. On est venu me chercher dans ma liberté pour servir mon pays. Je suis parti pour prendre mon risque moi-même.*

Voilà. Elle est longue, votre route. Il est nu, votre cœur. Il est impalpable, votre programme. Vous m'avez mordue parce que je ne suis pas sage. J'aime vos coulisses, quand vous dites, *à cheval !*, avant d'enjamber la scène. J'aime planer à 2000 mètres avec vous. J'ai besoin de croire que la politique vole au-dessus de la matérialité des choses, des êtres, des vaines compétitions de propositions. J'ai besoin d'aspirations, d'idéaux. Qu'importe ce que l'on peut en dire. Qu'importe ce que l'on peut en penser. Je suis sensible à vous, Emmanuel.

DÉTRUIRE

Je traverse la vie politique comme la vie amoureuse.

Il n'y a rien de plus attrayant que les voyous, les braqueurs de banque, les taulards, les artistes dépressifs ou les mauvais garçons. Mais au bout du compte, on épouse le médecin du coin de la rue.

Dans ces conditions, à quelques jours de la remise de mon manuscrit, je décide d'aller jeter un œil chez Benoît Hamon, pour éviter tous regrets, tous remords. Quand on a choisi la piste noire, on regrette parfois de ne pas avoir emprunté la verte.

Petit coup de fil à ses équipes, petite pression aussi. Je leur avoue avoir peu de temps pour intégrer leur candidat à mon ouvrage, sans qu'ils semblent m'en tenir rigueur. Demande deux interviews et deux déplacements avec Benoît Hamon, tout cela sur quatre jours. Ils réfléchissent vingt-quatre heures, m'envoient un message : *BH est OK.*

Déroulé d'une autodestruction.

Les trois phénomènes de foire politique sur lesquels je me suis concentrée[1] ont tant dévié ma vision du monde que je ne sais plus me comporter normalement, correctement. J'ai perdu les codes, à vivre des mois avec ces olibrius. Total, inconsciemment, j'ai le sentiment de faire un énorme cadeau à M. Hamon en m'intéressant à lui. Pauvre folle. Le fait de n'être aspirée que par les sauvages, les versants abrupts des tempéraments, n'est pas un blanc-seing pour tout s'autoriser. Trop tard.

Sans m'en apercevoir, je fais absolument tout pour décourager les équipes de Benoît Hamon de m'accueillir, de me parler. Je veux voir jusqu'où ils peuvent aller, frôler les limites. Ont-ils la folie de ceux que je côtoie depuis l'été ? Et si je leur donnais le vertige, pour voir ?

J'ai compris aujourd'hui le tourbillon qui m'a siphonée. Quand on commence par le crack, l'herbe ne vous fait aucun effet. Si bien que, par avance, on pimente soi-même la sauce de l'existence, craignant d'être déçue.

Démonstration. Rendez-vous est fixé lors de l'inauguration du QG du candidat, rue du Château-d'eau, le 11 février. Jolis locaux *trendy*, type agence de publicité du groupe Bolloré. Café partagé avec Franck Chaumont, conseiller auprès de Benoît Hamon. Ancien journaliste, signes extérieurs du bobo, pas rasé, caban, second degré, ambiance

1. Marine Le Pen, Emmanuel Macron, Jean-Luc Mélenchon.

humoristes de Radio France. Le gars est absolument charmant, ce qui ne fait qu'aggraver l'aspect misérable de mon comportement.

Autodafé. Au moment de lui expliquer l'objet et le sens de mon travail – alors que son cador a déjà accepté de collaborer –, je divague complètement, montant un numéro qui aurait fait fuir un troupeau de vaches endormies. J'entame la discussion. *Alors voyez-vous, tel candidat m'a fait pleurer, je l'ai écrit... Avec tel autre, j'ai tenté la séduction, il a craqué, je l'ai écrit... Avec le troisième, j'ai emberlificoté son équipe, cela a été un jeu d'enfant, je l'ai écrit... Vous avez de la chance, j'ai fini mon travail sur les autres. Je vais pouvoir me concentrer uniquement sur vous. Ça va être quelque chose, vous verrez.* Non seulement j'invente en partie, mais j'y prends, qui plus est, un malin plaisir. Le fait de débarquer chez le mouton blanc des alpages tandis que je n'ai fréquenté que les moutons noirs me fait perdre la tête. Je suis devenue comme les candidats hors système. Je ne sais pas m'adapter à la vie courante, simple, douce, délicate.

Franck Chaumont m'écoute gentiment dérouler mon show. Sur le coup, il ne réagit pas, même s'il a l'air un peu étonné de mes manières. On lui aurait mis un bâton de dynamite dans les mains, c'était pareil.

Tellement déçue par son absence d'inquiétude, j'en rajoute un tour. En attendant l'arrivée de Benoît Hamon et l'ouverture des locaux à la presse, je déambule dans le bureau du candidat, qui s'apprête à être photographié par tous les médias. Note consciencieusement le titre et les auteurs des ouvrages posés sur les étagères. Jean-Paul Kauffmann, Michel Audigier, Agnès Verdier-Molinié. À côté, un tableau représentant Miles Davis, une photo du candidat en meeting. Je ressors, glisse à Franck Chaumont, *dites donc, bravo, très* mainstream *votre déco, belle communication sans en avoir l'air.* Il me fixe, éberlué.

Ensuite, je me place contre l'estrade, des officiers de sécurité tentent de me faire reculer pour rejoindre les journalistes. Je refuse de bouger, demande aux équipes du candidat d'intervenir, *non, mais que croyez-vous, si je l'intègre au livre, je ne vais pas partir à dix mètres non plus !* Me cale parmi ses troupes pour l'écouter, contre la scène. Ils font une drôle de tête, ne veulent pas créer de vagues, si bien que je reste à mon poste. Me présente aux membres du staff qui passent, *je vous préviens, à partir de maintenant, il va falloir faire avec moi,* dis-je en riant façon *Rocky Horror Picture Show*. Je ne sais plus quoi inventer.

Discours de Benoît Hamon, il touche ses doigts, gratte les peaux autour de ses ongles, entre chaque phrase. Cambrure digne de Beyonce, bascule des reins vers l'arrière, genoux pliés pour ne pas tomber.

Je veux proposer un imaginaire puissant… gouvernance citoyenne… laboratoire des idées… espace de co-working, c'est l'idée que je me fais de la gouvernance d'un pays... Ma campagne, je la souhaite ouverte, horizontale... Je note sur mon cahier : *voilà un sous-Macron, il manque trois tours de folie, trop de sectarisme.*

Aujourd'hui j'ai honte de ce que j'ai fait, de ce que j'ai pensé. L'écriture vous emmène souvent à vivre la vie telle qu'on voudrait l'écrire et non pas telle qu'elle est.

Deux jours plus tard, ma récompense arrive sur un plateau d'argent. *Finalement, le candidat préfère se concentrer sur son programme, nous n'avons plus de place pour vous emmener. Croyez-le bien, cela n'a rien à voir avec de la méfiance.*

Le manque d'intelligence, la vilénie dont j'ai fait preuve me conduisent à tenter de les faire changer d'avis par tous les moyens, sans succès. Non pas que je tienne absolument à suivre Benoît Hamon, cela m'est égal. Il ne m'intéresse pas plus aujourd'hui qu'hier, en termes de dramaturgie, d'ivresse de vie politique. Simplement, j'aurais aimé me faire pardonner mes excès.

Disloquer

La tête qui éclate. Envie de dormir dans un carton bien fermé, une boîte isotherme. Me blottir dans un cocon. En finir. Arrêter les hauts, les bas. Les moments qui brillent, ceux qui m'annihilent. Plus de châteaux de cartes, plus d'écrans de fumée, plus de grandes déclarations, plus les mots qu'ils me susurrent à l'oreille, plus les prostitutions pour les recueillir, plus les envolées lyriques, plus les rêves, plus le cœur qui bat. L'éteindre, le cœur. Cesser de courir après on ne sait quoi. Si, je sais, je savais. Je voulais chercher du sens. À la société, au monde, au futur, au présent, au passé. Comprendre comment ça tourne, la Terre. Comment ça tourne, la vie, ma vie.

Le cataclysme, le marasme, la grande collusion, à Lyon. Apocalypse du désordre intérieur, bombe humaine. Ils tous sont là, mes trois préférés, mes trois romanesques. Emmanuel, Jean-Luc, Marine. Je vois bien qu'il y a un problème. Je vois bien que j'ai crié, *au secours, j'ai besoin d'amour*. Je vois bien que c'est le même cri qu'eux. Usure physique, usure psychique de tous les aimer et par là même, de tous les trahir. Ils me font confiance. Je ne suis pas digne de cette confiance, parce que je les chéris tous autant. C'est tout, pour le moment.

Comme la bouche a soif d'un baiser, j'avais soif d'eux. Comme les yeux ont faim d'un regard, ils avaient faim d'être couchés, étendus en long, en large, en travers, sur du papier. Voilà, c'est fait. Ce que l'on peut penser, on s'en moque. C'est eux, c'est moi, c'est nous.

4, 5 février à Lyon, fin du mythe. Clôture des JO d'une campagne. Quelqu'un m'a piqué la chute du film. Ne suis plus maître de ce que je ressens, de ce que j'écris. Limites du don d'ubiquité. Depuis six mois, j'avais toujours des temps, entre chacun d'eux, pour reconstruire l'étanchéité, l'espace d'un souffle. Une nuit, quelques jours, quelques heures. À Lyon, je dois enchaîner, de l'un à l'autre, en un claquement de doigts. Serpillière. Je pleure chez l'un, chez l'autre, sans savoir pourquoi. Maintenant, j'ai traduit. J'ai peur pour eux, peur de ce qu'il va leur arriver, après. Et j'ai pitié de moi, aveuglée, les yeux crevés parce que je les regarde de trop près. Pitié de cette pauvre fille capable d'être retournée lorsque Marine déboule sur scène. Suis allée tellement loin que je vibre comme elle, au même rythme qu'elle, l'embrasse goulûment quand elle termine, lui dit, *c'était génial !*, alors qu'elle a proféré des horreurs. La fille s'en fout de ce qu'elle dit, Marine.

Pitié de cette midinette, capable de palpiter parce que Emmanuel lui vend du rêve avec des verbes, des lueurs, un langage, une philosophie qui la font frétiller. Pitié de cette brebis frémissante alors que Jean-Luc la mouche, parce qu'elle sait combien il appréhende le lendemain, répétant son show dans une humeur de dogue. Peur de moi, de mon inclination à être folle d'eux, quelles que soient leurs paroles, leurs orientations. Peur qu'ils chutent, qu'ils dépriment, qu'ils terminent en HP, comme moi. Se voir être en adéquation avec les extrêmes, avec l'espérance, sans fond, sans contenu, sans rationnel. Je vis dans un monde parallèle. Un monde où tous les mots sont du toc, seules les émotions comptent.

Les candidats m'avaient tous dit, *recule la date de remise de ton manuscrit, y a Lyon, début février*. Bien sûr, j'ai obéi. Rien organisé, plus de place dans le train. Avion à quatre millions de dollars, partagé avec l'équipe du *Quotidien*. Évidemment qui peut se payer cela ? Les émissions qui cartonnent et les grands éditeurs.

Pas d'hôtel non plus, me cale dans la chambre d'un ami éditorialiste. Pose mon sac, cours aux *assises présidentielles*, chez Marine Le Pen. Samedi matin, c'est trop tôt pour les alcooliques anonymes. Pourtant, nous y sommes. Témoignages, goguette des orphelins de tous les partis. Ils viennent dire pourquoi Marine. Pas de nom de famille, Marine, ça suffit. Il n'y en a plus qu'une. Le portable de Gilbert Collard sonne, entonnant une *Marseillaise* par Gainsbourg. Sur scène, Jérôme Rivière, ex-UMP, suivi d'un ancien socialiste, *j'ai commencé là où c'était le plus facile, au PS… Souvent on me demande comment on passe du PS au FN, c'est simple, par amour de la France.*

Premier rang, Marine applaudit fort. À côté d'elle, Collard, Wallerand de Saint-Just, Nicolas Bay. J'ai embrassé David Rachline dans le hall d'entrée. Je voulais assimiler, j'ai tout gobé.

Ce week-end-là, la France est le type qui vient de mourir. Tout le monde se dispute sa dépouille. Marine, Emmanuel, Jean-Luc, chacun prétend la représenter. Olivier Bettati, ancien adjoint de Christian Estrosi à Nice, *moi aussi, ma femme me corrige mes discours mais elle le fait sans contrepartie. J'ai la faiblesse de croire qu'elle le fait par amour.* Anne Vanin a rejoint le FN après une expérience chez « Debout la France », puis vient Franck Allisio, ex-UMP des Bouches-du-Rhône. Thibaut Garnier, ancien secrétaire national du MRC, *Marine, elle respecte la France. Je suis là parce que j'aime la France.* José Évrard, ex-PC, *j'ai grandi dans un milieu de résistants… Je demande le rétablissement de la monnaie à l'effigie de la semeuse… Les hostilités d'un autre temps se raréfient… Fais-nous le plus beau cadeau qui soit, devient présidente de la République.* Il dit « tu », à Marine. Forcément, ils sont entre eux. Auditorium à moitié vide. Elle a ramassé tous les blessés de la place, Marine. Ce matin, les ralliements de tous bords sont ses fers de lance, ses slogans, ses affiches de campagne. À l'issue de leur petit raout, je passe le cordon de sécurité sous l'épaule de Thierry Légier, me jette sur la candidate. — *Comment ça va ?* — *Extra et vous ?* Les bras, les baisers.

Monte dans la salle de presse saluer Alain Vizier. *Venez, on sort, ils écoutent tout, les journalistes, ils ont les oreilles qui traînent.* Alain se méfie des autres, pas de moi. Bizarre. On se tord de rire en parlant des autres candidats, affaire Fillon, hologramme de Mélenchon. Surreprésentation des médias étrangers, ici. Je passe une tête au sous-sol du Centre des congrès. Grande galerie consacrée aux *goodies*. Stand, « Les Jeunes avec Marine ». Posters à vendre. Sur le premier, une femme, un enfant. Légende : « Sandra dort dans sa voiture avec son fils depuis trois mois. Hélas pour elle, Sandra n'est pas migrante. Dans notre pays, les logements sociaux sont saturés par l'immigration incontrôlée. » Deuxième poster, un homme. Légende : « Pierre, agriculteur en retraite, vit avec 284 euros par mois. Hélas pour lui, Pierre n'est pas migrant. Les demandeurs d'asile reçoivent de l'État une allocation mensuelle de 343,80 euros par mois. » *No comment.* Aimez-vous, les gens.

14 h 30. Taxi, direction Palais des sports, meeting d'Emmanuel Macron. Coup de fil de Laurent Juppé pendant le trajet, *dis donc, si papa revient, ton livre, on le vend direct à Hollywood !*

Peuple fou devant la salle, si bien que je ne vois même pas où se situe l'entrée. Devant les barrières, repère les t-shirts des *Helpers*. Vais les voir. Une jeunette, 20 ans peut-être, debout sur un tronc d'arbre, crie, *laisse-la passer, on la connaît, c'est la fille qui suit Emmanuel !* Merci, « ma caille ». Ambiance stade de foot, tribunes sur plusieurs étages, je pousse, me faufile, écrase tout le monde, gagne le carré VIP. Sylvain Fort me place au premier rang, sur le siège vacant de Yassine Belattar[1], non loin de Geneviève de Fontenay. À part cela, du beau monde. Cédric Villani, Marc Lambron, Erik Orsenna, Jean-Paul Delevoye, Corinne Lepage, Philippe Aghion. Chacun vient faire allégeance à Brigitte, assise contre sa fille. Laurence Haïm[2] compare la campagne d'Emmanuel à celle d'Obama, premier mandat. Son refrain favori. Au micro, on annonce huit mille personnes dedans, pareil dehors. Les chiffres seront ensuite revus à la baisse. Emmanuel débute son intervention depuis l'extérieur, *vous pourrez dire, j'y étais !...* Il disparaît. À l'intérieur, plusieurs personnes chauffent l'ambiance sur scène. Une jeune femme, référente d'« En Marche » dans la Sarthe[3], *ce qui nous intéresse, c'est pas pour ou contre l'IVG, pour ou contre la vasectomie, c'est quelle politique publique sera mise en place pour la parité*, cite Tocqueville, Benoîte Groult, dit, *quand vous êtes « En Marche », vous n'êtes pas seul.* Tout juste. Chez Marine dominent la ferveur, le combat aride, la revendication des exclus, mis au

1. Humoriste.
2. Porte-parole d'Emmanuel Macron.
3. Marlène Schiappa.

ban de la société, besogneux, réprouvés, gueux. Chez Emmanuel, solidarité, sororité, fraternité, bon enfant. C'est une famille qui sait qu'elle est différente des autres, mais jamais on ne lui a craché dessus. Les railleries n'ont pas suffi à en faire des méchants.

Gérard Collomb[1] occupe l'espace, desservi par ses prédécesseurs. La fraîcheur verbale des petits jeunes lui a filé un coup de vieux, une étiquette collée sur le front, *past the date*. Emmanuel traverse la salle, entouré de ses *Helpers*, c'est eux qui font la sécurité. Serre les mains, embrasse. Derrière lui, une partie de son équipe. Passe devant moi, *Oh ! Gaël !* joues contre joues.

Aujourd'hui, mes amis, ce n'est pas une démonstration de force parce que la force, ça ne sert pas à grand-chose, c'est l'envie d'envisager un avenir nouveau... Il y a six mois on nous disait que la vie politique ne changerait pas de règles... Sifflets. *Ne sifflez pas, on ne se rassemble pas sur des sifflets... Cet enthousiasme inquiet qui nous rassemble...* Cite René Char. Yeux rouges, lorsqu'il est gagné par ce qu'il dit. *Ces sentiments nous ont faits, avec Brigitte, nous aimer, vouloir, bâtir.* Tiens, Brigitte glisse un mot à l'oreille de Collomb. *Je veux que les classes moyennes puissent enfin choisir leur avenir et relever les défis de notre pays.* Les classes moyennes, c'est comme la France, tous les candidats les veulent rien que pour eux, en

1. Maire de Lyon.

exclusivité. Lepage tapote sur son portable, se marre quand le candidat parle d'écologie. Emmanuel, c'est Pierre Lazareff. Une phrase, une idée. On peut toujours dire, pas de programme suffisamment détaillé, pas de mesures, il reste le prince des allégories. Emploi répétitif du verbe « aimer », suite d'histoires de vie rendant le texte vivant, multiplication des références littéraires ou politiques. Deux locutions que je répéterai le soir même à Jean-Luc Mélenchon, lui indiquant, au passage, combien son terrain est préempté par un autre : *Le progrès ne peut se résumer à l'accroissement continu du bien-être matériel... Nous ne pouvons plus glorifier le capitalisme sans nous évertuer à en limiter les excès.*

Emmanuel en appelle à Mitterrand sur l'Europe, à Chirac sur le Vél d'Hiv, *fallait-il être de gauche, de droite ? Non, il fallait être français... de Gaulle a fait travailler ensemble communistes, chrétiens, francs-maçons, conservateurs, qu'importe, ils avaient le même projet, c'est la France !* À propos de la loi Veil, *il a fallu une majorité de droite et de gauche pour la voter.* Démonstration imparable, la boucle est bouclée.

Petits coups de griffes sur les adversaires. *J'étais en visite à Lille, les personnes sans emploi ne m'ont pas demandé le Revenu Universel parce qu'ils l'ont déjà, ça s'appelle le RSA. Si l'on pouvait le multiplier par deux, j'ose espérer qu'on l'aurait déjà fait... Notre combat c'est de faire en sorte que tout ce qu'il se passe ne bénéficie pas avant tout au Front national... Ce qui s'installe dans notre pays, c'est une lèpre démocra-*

tique, la défiance, notre combat c'est de restaurer la dignité de la vie publique... La politique n'est pas un métier, elle est une mission... Certains aujourd'hui parlent au nom du peuple, mais ce ne sont que des ventriloques, ils prêtent aux Français des valeurs qui ne sont pas les leurs... Ils trahissent la fraternité car ils détestent les visages qui ne sont pas les leurs... Ils ne parlent pas au nom du peuple mais au nom d'une France qui n'a jamais existé... Notre projet n'est pas de parler au nom du peuple mais pour le peuple.

Ensuite, il décline ses envies, ses rêves, ses fantasmes. *Je veux que nous puissions ouvrir nos bibliothèques le soir et le week-end... Aux cyniques, aux défaitistes, aux déclinistes, nous leur disons : le meilleur est devant nous.* Je note sur mon cahier : *les désirs et les idéaux, cela n'en dit-il pas plus long sur les candidats qu'un programme qui ne leur ressemble pas ?*

Dans les loges, je raconte ma journée à Brigitte, pendant qu'Emmanuel débriefe avec son staff. Tout le monde est avec lui dans la pièce mitoyenne, à part Laurence Haïm, restée dans l'entrée, à quelques mètres de nous. Nous évoquons le « Penelope Gate ». Brigitte, *moi, cela me fait de la peine, je trouve cela très dur, je ne supporte pas cette foire, ce déballage.* Trop mignonne.

Changement de décor. 19 heures, au revoir les Macron, bonjour Mélenchon. Répétition pour le rassemblement du lendemain. Eurexpo, salle pouvant accueillir dix mille personnes, sommes une dizaine à l'intérieur. Ça résonne. Quelques techniciens, membres de l'équipe de campagne, essais de l'hologramme. Ils sont là depuis des heures, claquent des dents, pas de chauffage. Sophia Chikirou, *en plus, à midi, on avait que des paniers végétariens, je crève de faim !* Jean-Luc est en pleine concentration, veste grise, ça change de son caban sombre. Je m'assieds au sol, à sept, huit mètres de l'estrade, la salle n'est pas éclairée, il fait noir. Deux minutes plus tard, Jean-Luc, — *Mais c'est qui assis là dans la pénombre, juste devant mon nez ? — Bonjour ! C'est Gaël Tchakaloff ! — Encore vous ? Comment ça va ? Elle se cachait, celle-là ?* Je me hisse sur l'estrade pour l'embrasser. — *Non, mais vous, vous en pensez quoi de ma veste ? Ils disent que je ne peux pas mettre la noire avec l'hologramme. Celle-là c'est trop clair, c'est moins puissant, non ?* Je le sécurise, me rassieds par terre. Le candidat est à bout de nerfs. *Vous voulez me faire répéter une troisième fois, vous croyez que je n'ai pas compris ?... Cette fois-ci, vous me mettez une belle* Marseillaise *à la fin, pas votre truc de berger habituel. Et baissez mon micro, parce que je ne chante pas bien. C'est la première fois qu'on fait une répétition avant un meeting et ça dure des heures, c'est fou !*

Vu l'ambiance, autant dire que je fais profil bas. Fume une, deux cigarettes avec l'entourage dehors, reviens. Jean-Luc est en pleine interview, duplex avec TF1 depuis Paris. Bonne nuit, il repart peaufiner son allocution, ivre de fatigue. Moi aussi. Retour à l'hôtel, me couche avec mon pantalon, pull, écharpe, chaussettes, mascara qui coule effet panda.

Le lendemain, journée complète chez Marine Le Pen. Un bon week-end. Tables rondes le matin, allocution de la candidate l'après-midi. En attendant son arrivée, la foule des militants hurle *La Marseillaise*, debout, drapeaux *Marine présidente*, badges clignotants sur la veste. Ça pourrait affoler, moi, je ne suis plus impressionnée. Je les connais, ces gens. Je sais qu'ils sont désespérés. Ils viennent de la France entière. Femmes d'une cinquantaine d'années, perruques colorées, cheveux teints, bottes à frange, maquillage outrancier, bas résille, jupes trop courtes, hommes à moustaches du même âge, pantalons élimés ou costumes clinquants façon Claude François. Il y a aussi les nouveaux, représentant 10 % de l'auditoire, jeunes pousses impeccables, cheveux bien coupés, costumes propres si ce n'est les pellicules, chemisettes repassées par leurs mères. J'entends mon pouls décupler. J'ai la frousse pour elle, confrontée à cette horde qui ne maîtrise pas ses pulsions. Espèce d'idiote, elle doit avoir l'habitude. Veste noire, pantalon fluide noir, talons aiguilles vernis noir, elle entre. Assemblée hystérique. Macron est accueilli comme un mage, Marine, comme le Messie. La violence qui règne ici n'est pas seulement celle des mots prononcés, c'est celle du poids de l'attente. L'expectative d'une sauveuse.

Devant, Louis Aliot, Gilbert Collard, David Rachline, Florian Philippot, Marion Maréchal-Le Pen. Cette dernière ne va rien écouter du discours de sa tante, regarde ses ongles, tripote son châle, parle avec ses voisins, Collard et Rachline, n'applaudit presque jamais. La sécurité me connaissant, je pénètre dans l'espace fermé – un arc de cercle d'une dizaine de mètres –, devant la scène. Suis assise au sol contre Thierry Légier. Il reste debout. Le jargon, on le connaît. Ceci étant, c'est assez percutant. Elle a dû bosser, Marine. *Contre la droite du fric et la gauche du fric, je suis la candidate au nom du peuple… Le choix que nous avons à faire dans cette élection est un choix de civilisation… Les pays ne sont plus des nations unies par un élan du cœur… Les peuples ne sont plus que des populations… Pour faire de nos pays des halls de gare… Cette vision du monde revient à faire fabriquer par des esclaves pour vendre à des chômeurs… La France est un acte d'amour, cet amour a un nom, le patriotisme… Nos prestations sociales sont distribuées à ceux qui viennent du monde entier… Dans le logement social, l'emploi, nous établirons la priorité nationale… Un étranger clandestin ne pourra jamais être régularisé… Nous voulons une France qui transmet et une France qui se transmet… Abaissement de 10 % de l'impôt sur le revenu sur les trois premières tranches… Référendum d'initiative populaire… Vous aurez la maîtrise et redeviendrez souverains… Je dis aux mères qui m'écoutent, soutenez-moi… Les étrangers « fichés S » seront reconduits à la frontière, les binationaux « fichés S », déchus de leur nationalité française… Réforme totale du RSI, vous savez, le* serial killer *des indépendants… Sans souveraineté, un projet devient une promesse mensongère… Patriotes contre mondialistes… Nous formerons une majorité présidentielle, puis un gouvernement d'union nationale… L'impossible devient possible.* Le comédien Franck de Lapersonne frappe des mains, éclate de rire, dès que Marine commence une phrase. Elle cite Richelieu, de Gaulle, *face au grand péril, le salut n'est que dans la grandeur*, conclut sur Victor Hugo, *nous n'avons pas encore fini d'être français.* Les gens tapent des pieds, crient *on est chez nous !* ou *vive la France !*

Marseillaise, édiles sur scène, roses bleues en main, confettis, bougies géantes, souffleries. Joyeux Noël.

Ah, non, pardon, Noël, c'est déjà passé.

Expirer

Voilà, c'est fini.

Finies, les épitaphes. À quelques jours de l'impression de ce texte, j'apprends que mes tumeurs sont bénignes.

Finies, les questions. Pourquoi ces six mois, pourquoi certains candidats plus que d'autres, pourquoi vivre sans vivre.

Finie, la tête dans le moteur, sans filtre, sans jugement valable, sans ligne de distance.

Finis, l'abandon des convictions, le marathon contre les petits ruisseaux de l'existence.

Finis, la chevauchée fantastique, le gymkhana broyeur des visions du monde, de la France, de la société.

Alors, que reste-t-il ?

Il reste, en creux, comme un goût amer, un portrait du vide.

La conquête du pouvoir écrase les véritables enjeux, noyés sous l'hystérie frénétique.

Elle laisse derrière elle l'écume d'un engrenage, d'une succession d'actions. Les leurs, les miennes, comme un trou béant.

Reflets en ricochets. Façons de dévorer, d'engloutir, egos, souffrances, vacuité des courses contre l'espace et le temps.

Il reste, en plein, ce qu'ils m'ont donné, ce qu'ils m'ont rendu, par rébellion.

Arrêter la fébrilité, la violence, la puissance. Cesser le sprint sans fin, par crainte que tout s'arrête, le lendemain.

Contempler, doucement, les heures s'écouler.

Et puis, il reste l'évidence.

Nourritures solaires, plaisirs célestes, quêtes exaltées, fièvre d'exister, chemins de croix, épuisement, transcendance.

Avec eux, j'ai cru vivre, j'ai cru mourir.

Politique suicide, politique résurrection.

Comment s'en passer, désormais ?

Table

NORD COMPO
multimédia

Composition et mise en pages
Nord Compo à Villeneuve-d'Ascq

CET OUVRAGE
A ÉTÉ ACHEVÉ D'IMPRIMER
SUR ROTO-PAGE
PAR L'IMPRIMERIE FLOCH
À MAYENNE EN MARS 2017

N° d'édition : L.01ELKN000640.N001. N° d'impression : 90853
Dépôt légal : mars 2017
Imprimé en France